五育融合 多元发展

—— 小学道德与法治的
跨学科教学实践研究

邱凯祥 著

中国书法出版传媒有限责任公司
CHINA CALLIGRAPHY PUBLISHED & MEDIA
书法出版社·北京

图书在版编目（CIP）数据

五育融合　多元发展：小学道德与法治的跨学科教
学实践研究 / 邱凯祥著 . -- 北京 ： 书法出版社有限公
司，2024. 8. -- ISBN 978-7-5172-0614-9

Ⅰ . G623.102

中国国家版本馆 CIP 数据核字第 2024C3K772 号

书　　　名	五育融合　多元发展：小学道德与法治的跨学科教学实践研究
著　　　者	邱凯祥
责任编辑	吴京蔓
装帧设计	王秀丽
责任印制	樊碧博
出版发行	书法出版社有限公司　　发行部电话 010-65066428
地　　　址	北京市朝阳区农展馆南里 10 号　邮编 100125
经　　　销	新华书店
印　　　刷	唐山楠萍印务有限公司
开　　　本	787 毫米 ×1092 毫米 1/16
印　　　张	13
字　　　数	183 千
版　　　权	2024 年 8 月第 1 版　2024 年 9 月第 1 次印刷
定　　　价	56.00 元

前 言

　　随着全球化和信息化的迅速发展，现代社会对人才的需求日益多样化和综合化。传统的单一学科教学模式已经难以适应社会发展的需要，培养具备多学科知识和综合能力的复合型人才成为教育改革的重要目标。在这一背景下，跨学科教学应运而生，并逐渐成为全球教育改革的重点方向之一。特别是在小学阶段，学生的认知能力和学习兴趣处于快速发展期，跨学科教学不仅能够提升他们的综合素质，还能激发他们的学习热情和创新能力。

小学道德与法治跨学科教学的背景与意义

　　小学阶段是学生人格和价值观形成的关键时期，道德与法治教育在培养学生的社会责任感、道德品质和法律意识方面起着至关重要的作用。然而，传统的道德与法治课程往往存在教学内容单一、教学方法单调、学生参与度低等问题，难以达到预期的教学效果。跨学科教学通过整合道德教育、法治教育与其他学科的知识和方法，为道德与法治教育注入了新的活力。跨学科教学不仅有助于打破学科之间的壁垒，促进知识的综合与应用，还能够培养学生的批判性思维、创新能力和合作精神。通过跨学科教学，学生可以在解决实际问题的过程中，学会从不同的学科视角思考问题，提升他们的综合素质和实际操作能力。这种教学方式特别适合小学阶段的学生，因为这一时期是他们认知发展的关键期，也是培养兴趣和能力的最佳时期。

研究的目标与方法

本书旨在构建小学道德与法治跨学科教学的理论体系，优化教学模式，开发适合跨学科教学的教材和资源，提升教师的专业素养，促进学生的综合素质发展。为实现这一目标，本书采用了文献分析法、调查研究法、实验研究法、行动研究法、个案研究法和比较研究法等多种研究方法，系统地分析和探讨跨学科教学在小学道德与法治教育中的应用和实践。

通过文献分析法，了解国内外跨学科教学的研究现状和理论基础；通过调查研究法，收集一线教师和学生的意见和建议，了解当前小学道德与法治跨学科教学的实际情况；通过实验研究法，验证跨学科教学的有效性；通过行动研究法，优化跨学科教学的实施方案；通过个案研究法，深入分析跨学科教学对学生的影响；通过比较研究法，发现跨学科教学的优劣势。

研究现状综述

尽管跨学科教学在全球范围内已经取得了一定的研究成果和实践经验，但在小学道德与法治教育领域，相关研究仍然相对较少。现有研究主要集中在跨学科教学的理念和方法上，对具体的教学实践和效果评估缺乏深入的探讨。国内的一些研究虽然在跨学科教学的理论探讨和实践探索方面取得了一定的进展，但仍需进一步系统化和理论化。

研究的创新点与预期成果

本书的创新点在于将跨学科教学理念引入小学道德与法治教育，构建科学系统的跨学科教学理论体系，开发适合小学道德与法治跨学科教学的教材和资源，设计并实施有针对性的教师培训方案，提升教师的跨学科教学能力和综合素质。预期成果包括：构建完善的跨学科教学理论体系，优化小学道德与法治跨学科教学模式，开发一系列具有跨学科特点的教材和资源，提升教师的跨学科教学能力，促进学生的综合素质发展。

目 录

第一章 引言

第一节 小学道德与法治跨学科教学的背景与意义

　　跨学科教学是一种将不同学科的知识、技能和方法进行整合的教育方法，旨在打破学科间的界限，促进学生全面发展和创新能力的培养。在小学教育中，道德与法治课程作为一门重要的德育课程，通过跨学科教学的方式，能够更好地将道德教育和法治教育融入学生的日常学习生活中，提升学生的综合素质和社会责任感。以下将从跨学科教学的背景和意义两个方面对小学道德与法治跨学科教学进行简要介绍。

一、跨学科教学的背景

1. 教育改革的需要

　　随着社会的发展和科技的进步，传统的单一学科教学模式已不能满足现代教育的需求。教育改革的趋势要求培养具有综合素质和创新能力的学生，而跨学科教学正是顺应这一趋势的一种有效教学方式。在这种背景下，小学道德与法治课程的跨学科教学应运而生，通过将道德与法治教育和其他学科（如语文、历史、社会科学等）相结合，可以更好地培养学生的综合素质和实践能力。

2. 学生全面发展的需求

　　小学阶段是学生身心发展的重要时期，也是价值观、道德观和法治观形成的关键时期。单一学科的教学模式往往无法全面满足学生的发展需求，而跨学科教学通过多角度、多层次的知识整合和实践活动，可以更好地促进学生的全面发展。例如，通过与历史学科的结合，可以让学生在学习历史事件的同时，理解其中蕴含的道德和法治观念，从而提高他们的道德素养和法治意识。

3. 社会发展的要求

现代社会是一个复杂的、多元化的社会，要求公民具有较高的道德素质和法律意识。小学道德与法治跨学科教学有助于培养学生的社会责任感和公民意识，使他们能够更好地适应社会的发展和变化。通过跨学科教学，学生不仅可以掌握基本的道德和法治知识，还能够在实际生活中灵活运用这些知识，形成正确的价值观和行为规范。

二、跨学科教学的意义

1. 促进知识的整合与应用

跨学科教学的最大意义在于促进不同学科知识的整合与应用。在小学道德与法治跨学科教学中，教师可以通过设计多样化的教学活动，将道德教育和法治教育与其他学科的内容有机结合起来。例如，在语文课堂上，通过阅读与道德和法治相关的故事，让学生不仅能够提高语言表达能力，还能在潜移默化中受到道德和法治教育的熏陶。

2. 提升学生的综合素质

跨学科教学能够有效提升学生的综合素质。通过道德与法治课程的跨学科教学，学生不仅能够掌握道德和法治知识，还能提高思维能力、解决问题的能力和创新能力。例如，通过模拟法庭活动，学生可以在实践中理解法律程序，培养逻辑思维和团队合作能力，从而提升综合素质。

3. 增强学生的社会责任感

小学道德与法治跨学科教学有助于增强学生的社会责任感。在教学过程中，通过真实的社会问题和案例分析，学生可以深刻理解社会规则和道德规范，增强对社会的责任感和使命感。例如，通过环保主题的跨学科教学活动，学生不仅能学到相关的科学知识，还能意识到环保的重要性，形成保护环境的责任感。

4. 激发学生的学习兴趣

跨学科教学能够有效激发学生的学习兴趣。小学道德与法治课程的内容往往抽象而枯燥，通过跨学科教学，教师可以采用生动有趣的教学方式，将抽象的道德和法治知识具体化、形象化，使学生在愉快的学习过程中掌握知识。例如，通过角色扮演、情景模拟等活动，学生可以更直观地理解道德和法治概念，从而提高学习兴趣和效果。

5. 提高教师的专业素养

跨学科教学对教师的专业素养提出了更高的要求。教师在进行小学道德与法治跨学科教学时，需要具备多学科的知识和技能，能够设计和实施跨学科的教学活动。这有助于教师不断学习和提升自身的专业素养，从而更好地引导和培养学生。例如，教师可以通过参加跨学科教学培训、研讨会等，不断提升自己的专业能力和教学水平。

小学道德与法治跨学科教学是顺应现代教育改革和社会发展需求的一种重要教学方式。它通过知识的整合与应用，促进学生的全面发展，增强学生的社会责任感，激发学习兴趣，提高教师的专业素养。在实施过程中，教师应根据学生的实际情况和教学目标，设计科学合理的跨学科教学活动，不断探索和创新教学方法，以实现最佳的教育效果。通过跨学科教学，学生不仅能够掌握道德和法治知识，还能提高综合素质和实践能力，为未来的学习和生活打下坚实的基础。

第二节 研究的目标与方法

小学道德与法治跨学科教学研究的目标和方法是推动教育实践和理论发展的重要组成部分。通过明确的研究目标和科学的方法，可以深入探讨和优化跨学科教学的实施策略，提升教学效果，促进学生的全面发展。以下从研究目标和研究方法两个方面进行专业介绍。

一、研究的目标

1. 理论体系构建

目标：构建科学系统的跨学科教学理论体系。

意义：在现有教育理论的基础上，整合道德教育、法治教育和各学科知识，形成适应小学教育实际的理论框架。通过构建理论体系，为跨学科教学的实践提供理论支持，指导教学活动的设计与实施。具体来说，通过研究不同学科之间的内在联系和相互作用，建立一种既涵盖道德与法治教育核心内容，又能够与其他学科有机融合的教学理论体系。这一体系不仅有助于增强学生对知识的全面理解，还能帮助他们形成更为完整的世界观和价值观。

2. 教学模式优化

目标：优化小学道德与法治跨学科教学模式。

意义：通过研究和分析不同教学模式的效果，找到最适合小学阶段学生的跨学科教学模式。优化教学模式不仅可以提高教学效率，还能激发学生的学习兴趣，促进学生的全面发展。具体的措施包括引入和实验多种教学方法，如项目式学习、探究式学习和情景教学法等，从中筛选和调整出最能促进学生理解和应用道德与法治知识的模式。此外，优化教学模式还涉及对课堂管理、教学进度安排以及评价方式的改进，使教学过程更加系统化和科学化。

3. 教材资源开发

目标：开发适合跨学科教学的教材和资源。

意义：跨学科教学需要相应的教材和资源支持。通过研究开发一系列具有跨学科特点的教材、教案和辅助资源，为教师提供实用的教学工具，帮助教师更好地开展跨学科教学。具体来说，这些教材和资源不仅要包含丰富的道德和法治内容，还要能够灵活地与其他学科的知识点结合。例如，开发一系列结合历史事件和道德问题的教学案例，通过实际案例引导学生理解和讨论道德与法治问题。此外，多媒体资源和数字化教学工具的开发，也将极大地丰富和拓展跨学科教学的手段和形式。

4. 教师专业发展

目标：提升教师在跨学科教学中的专业素养。

意义：教师是实施跨学科教学的关键。通过研究教师的专业发展需求，设计和实施有针对性的培训和指导，提升教师的跨学科教学能力和综合素质，促进教学效果的提升。具体措施包括组织教师参加专门的跨学科教学培训课程，提供跨学科教学的实践指导和支持，建立教师学习共同体，促进教师之间的经验交流和共同进步。同时，通过教学反思和行动研究，鼓励教师不断探索和改进自己的教学方法，提高教学水平和教学效果。

5. 学生综合素质提升

目标：提升学生的综合素质，培养学生的道德素养和法治意识。

意义：通过跨学科教学，促进学生在知识、技能、态度和价值观等方面的全面发展。培养学生的批判性思维、合作能力和社会责任感，使他们能更好地适应未来的社会生活和学习需求。具体来说，跨学科教学能够帮助学生在学习知识的同时，理解和内化道德和法治观念。例如，通过小组合作项目和社区服务活动，培养学生的团队精神和社会责任感；通过探究式学习和辩论活动，发展学生的批判性思维和问题解决的能力。此外，通过多样化的教学活动，激发学生的学习兴趣和积极性，促进他们的全面发展。

二、研究的方法

1. 文献分析法

方法：通过查阅和分析国内外有关跨学科教学、道德教育和法治教育的研究文献，了解现有研究成果和理论基础。其具体操作包括搜索和筛选相关的学术论文、专著、会议论文及其他权威资料，对这些文献进行系统的归纳、分类和比较分析。

应用：文献分析法为研究提供理论支持和参考依据，帮助确定研究方向和内容。通过对现有文献的系统分析，能够总结出跨学科教学在不同国家和地区的实施状况和研究进展，明确研究中的重点和难点问题，为后续的实证研究和理论构建奠定基础。此外，还可以借鉴已有研究中的方法和结论，避免重复研究，提高研究的科学性和创新性。

2. 调查研究法

方法：通过问卷调查、访谈和实地考察等方式，收集一线教师和学生的意见和建议，了解当前小学道德与法治跨学科教学的实际情况。其具体操作包括设计科学合理的调查问卷，选择具有代表性的学校和班级进行调查，以及通过深度访谈获取教师和学生的真实感受和建议。

应用：调查研究法用于分析现状、发现问题，为提出改进措施和优化策略提供依据。通过收集和分析大量的一手数据，可以全面了解小学道德与法治跨学科教学在实际操作中的优缺点，识别影响教学效果的关键因素，并结合调查结果，提出针对性的改进建议和策略，推动跨学科教学的有效实施。

3. 实验研究法

方法：设计和实施跨学科教学实验，通过对比实验组和对照组的教学效果，验证跨学科教学的有效性。其具体操作包括选择合适的实验对象，设计科学的实验方案，实施教学干预，并在实验过程中严格控制变量，确保实验的科学性和可靠性。

应用：实验研究法通过实验数据和结果分析，评估跨学科教学模式的可行性和效果，为推广应用提供科学依据。通过实验研究，可以量化和比较不同教学模式的效果，验证跨学科教学在提升学生道德素养、法治意识和综合素质方面的具体成效，为教育实践提供实证支持，促进科学决策。

4. 行动研究法

方法：教师在教学实践中不断反思和改进教学策略，通过循环反复的研究过程，逐步优化跨学科教学的实施方案。其具体操作包括教师在实际教学中发现问题，制定改进计划，实施教学变革，并通过反思和评估不断调整和优化教学方案。

应用：行动研究法帮助教师在实际教学中发现和解决问题，积累实践经验，提升教学质量。通过这种方法，教师可以在实际教学环境中灵活调整和改进教学策略，逐步形成适合自己和学生的跨学科教学模式，提升教学的针对性和有效性，同时也促进了教师的专业成长和发展。

5. 个案研究法

方法：选取具有代表性的班级或学生，进行深入的个案研究，通过长时间的观察和记录，分析跨学科教学对学生的影响。其具体操作包括选择典型的研究对象，制定详细的观察和记录计划，收集和整理长期的观察数据和相关资料。

应用：个案研究法通过个案分析，深入了解跨学科教学的具体效果和存在的问题，为改进教学提供具体建议。通过对典型个案的深入研究，可以揭示跨学科教学在实际操作中的具体细节和影响因素，获得更加直观和具体的研究成果，提供具有实用价值的教学改进建议。

6. 比较研究法

方法：将不同地区、学校或班级的跨学科教学实践进行对比分析，找出成功经验和不足之处。其具体操作包括选择具有代表性的研究对象，制定科学的比较标准和方法，对不同实践进行系统的比较和分析。

应用：比较研究法通过比较研究，发现跨学科教学的优劣势，为推广成功经验和改进不足之处提供参考。通过对不同实践的系统比较，可以识别出跨学科教学在不同环境和条件下的成功因素和难点，为推广有效的教学模式和策略提供实证依据，并为进一步的教学研究和实践提供指导。

小学道德与法治跨学科教学研究的目标在于构建理论体系、优化教学模式、开发教材资源、提升教师专业素养和提高学生综合素质。通过文献分析、调查研究、实验研究、行动研究、个案研究和比较研究等多种方法，可以深入探讨和解决跨学科教学中的实际问题，推动小学教育的创新发展。研究结果不仅对教学实践具有重要的指导意义，还能为教育政策的制定和实施提供科学依据，为学生的全面发展和社会进步做出积极贡献。

第三节 研究现状综述

小学道德与法治跨学科教学的研究现状反映了教育理论和实践在应对当今社会发展需求中的不断探索和创新。当前，这一领域的研究主要集中在理论基础的构建、教学模式的探索与实践、教师专业发展的需求和支持、教学资源的开发与应用以及效果评价的体系建立等几个关键方面。

一、理论基础的构建

跨学科教学理论是小学道德与法治教学研究的重要基石。目前，研究者们普遍关注如何将道德教育和法治教育有机地融入小学教育的整体框架中。研究不仅借鉴了教育学、心理学和社会学等领域的理论，还结合了德育和法治教育的特殊要求，提出了以学生为中心、注重实践的教学理念。这些理论为实践提供了坚实的理论支撑，并指导教师在实际教学中进行创新。

二、教学模式的探索与实践

在教学模式的探索上，研究者们致力于设计多样化的跨学科教学模式，以实现教学目标的最大化。一些研究提出了项目式学习（Project-Based Learning）、探究式学习（Inquiry-Based Learning）和合作学习（Cooperative Learning）等教学方法。这些模式强调学生的主动参与，通过实际项目和案例分析，将道德和法治教育融入各学科的学习中。例如，在语文课上，通过经典文学作品中的道德冲突和法律问题进行讨论；在科学课上，通过环境保护的主题引入法治教育。这些模式不仅有助于学生综合素质的培养，还能激发他们的学习兴趣。

三、教师专业发展的需求和支持

教师在跨学科教学中的角色至关重要。研究表明，教师在实施跨学科教学时面临着诸多挑战，包括学科知识的整合、教学方法的创新以及教学资源的开发等。因此，研究者们提出了系统的教师培训方案，旨在提升教师的跨学科教学能力。一些研究项目通过开展教师工作坊、专业发展课程和实践指导等方式，帮助教师掌握跨学科教学的方法和技巧。同时，教师之间的合作与交流也是研究的重要内容，通过建立教师学习共同体，促进经验分享和共同进步。

四、教学资源的开发与应用

为了支持跨学科教学的实施，教学资源的开发与应用成为研究的重点领域之一。研究者们致力于设计和编写适合跨学科教学的教材和辅助材料，包括课程指南、教学案例和多媒体资源等。这些资源不仅要涵盖道德与法治教育的核心内容，还需要与其他学科内容有机结合。此外，信息技术的应用也是研究的热点，通过数字化资源和在线学习平台的开发，提供更加灵活和丰富的学习体验。

五、效果评价的体系建立

跨学科教学效果的评价是研究中不可或缺的一部分。目前，研究者们正在探索科学的评价体系，以全面衡量学生在道德与法治教育中的进步和成长。这些评价不仅包括学业成绩，还涵盖了学生的行为表现、价值观念和社会责任感等方面。一些研究提出了多元评价方法，包括自评、他评和教师评价等，通过定量和定性相结合的方式，全面反映学生的发展状况。同时，研究者们也关注跨学科教学对教师专业发展的影响，通过教学反思和同行评议等方式，促进教师的持续改进和提升。

总体来看，小学道德与法治跨学科教学的研究正在稳步推进，并在理论和实践上取得了显著成果。研究者们通过构建科学的理论基础、探索多样化的教学模式、提升教师的专业素养、开发丰富的教学资源以及建立科学的效果评价体系，不断推动这一领域的发展。然而，跨学科教学作为一种复杂的教育创新，还需要在未来的研究中不断完善和深化，以应对教育实践中的新挑战，真正实现学生的全面发展和社会的和谐进步。

第四节 研究的创新点与预期成果

小学道德与法治跨学科教学研究在教育理论和实践中是一个重要且前沿的领域。通过创新的研究方法和多元化的实践途径，这一领域力求实现更深层次的教育目标，并为学生提供更加全面的发展平台。以下将详细介绍研究的创新点与预期成果。

一、研究的创新点

1.跨学科教学模式的创新设计

跨学科教学模式的创新是研究的核心。传统的学科教学往往各自为政，而跨学科教学则打破学科壁垒，强调知识的综合应用和实践。

项目式学习（Project-Based Learning）：设计围绕真实世界问题的综合项目，学生通过研究和解决问题，学习并应用道德与法治知识。例如，通过环保项目，让学生在实践中理解环保法律法规和道德责任。

探究式学习（Inquiry-Based Learning）：鼓励学生提出问题并自主探究。例如，学生可以探究社区中的法律问题，通过访问、调查等方式获取信息，形成自己的见解。

情景教学法（Situational Teaching Method）：通过模拟现实生活中的道德和法律情景，让学生在角色扮演中体验和学习。例如，通过模拟法庭，让学生了解司法程序和法律原则。

2.跨学科教学资源的整合与开发

创新教学资源的开发与整合是跨学科教学的基础。

多媒体资源：开发和利用包括视频、音频、互动软件在内的多媒体资源，增强教学的直观性和趣味性。例如，通过动画短片展示历史上的法律案例和道德故事。

跨学科教材：编写综合性的跨学科教材，包含道德与法治知识与其他学科内容的有机结合。例如，编写结合历史事件的道德与法治读本，帮助学生在历史学习中理解法律和道德规范。

数字化平台：建立数字化学习平台，提供在线课程、虚拟实验室和资源库，支持学生自主学习和合作学习。

3. 教师专业发展的系统化培训

教师是跨学科教学的实施者，其专业发展的系统化培训至关重要。

跨学科培训课程：设计专门的跨学科培训课程，包括理论学习和实践操作，提升教师的跨学科教学能力。例如，开展关于项目式学习和探究式学习的专题培训。

教学共同体建设：建立教师学习共同体，通过定期的研讨会、工作坊和教学分享会，促进教师之间的经验交流和共同进步。

教学反思与行动研究：鼓励教师进行教学反思和行动研究，通过不断的反思和改进，提高教学效果。例如，教师可以记录和分析自己的教学案例，寻找改进的途径。

4. 学生综合素质的全面培养

创新的跨学科教学方法不仅关注知识传授，更注重学生综合素质的培养。

批判性思维：通过跨学科的探究和讨论，培养学生的批判性思维能力。例如，通过辩论赛让学生分析和评价不同的法律和道德观点。

合作能力：在项目式学习和小组活动中，培养学生的合作能力和团队精神。例如，通过小组合作完成社区服务项目，让学生体验团队协作的重要性。

社会责任感：通过道德与法治教育，增强学生的社会责任感和公民意识。例如，通过参与社区活动，让学生认识到公民的责任和义务。

5. 科学的评价体系

创新的评价体系是确保跨学科教学效果的重要保障。

多元评价方法：采用多元化的评价方法，包括定量和定性评价。例如，通过问卷调查、访谈和观察记录等方式，全面评估学生的学习效果和综合素质发展。

过程性评价：重视教学过程中的评价，通过过程性评价反映学生的学习进展和行为变化。例如，通过学习日志和教师评语，记录学生在项目中的表现和进步。

反馈与改进机制：建立反馈与改进机制，通过学生和教师的反馈，不断改进教学方法和评价体系。例如，通过定期的教学反馈会议，收集学生和教师的意见和建议，进行教学调整。

二、预期成果

1. 理论体系的构建与完善

通过系统的研究，预期能够构建和完善小学道德与法治跨学科教学的理论体系。形成一套系统的、科学的教学理论，指导实际教学实践，为教育政策的制定提供理论依据。

2. 教学模式的推广与应用

成功的教学模式将在更多的学校和地区推广与应用。通过推广项目式学习、探究式学习和情景教学法等创新模式，提升小学道德与法治教育的整体水平，推动教育改革。

3. 教学资源的开发与使用

开发出一系列高质量的跨学科教学资源，包括教材、教学案例、多媒体资源和数字化平台。为教师提供丰富的教学工具，为学生提供多样化的学习体验，促进教学效果的提升。

4. 教师专业素养的提升

通过系统的培训和支持，提升教师的专业素养和教学能力。培养一批具有跨学科教学能力的教师队伍，推动教师专业发展的同时，提升整体教育水平。

5. 学生综合素质的提高

通过跨学科教学，预期能够显著提升学生的综合素质。学生在知识、技能、态度和价值观等方面得到全面发展，具备批判性思维、合作能力和社会责任感，为未来的学习和生活打下坚实基础。

6. 教育评价体系的建立

建立科学的教育评价体系，全面评估和反映跨学科教学的效果。为教育行政部门和学校提供科学的评价标准，推动教育评价改革，促进教学质量的持续提升。

7. 教育研究成果的推广

通过学术论文、专著、教学指导书等形式，推广和分享研究成果。举办学术研讨会和教育论坛，促进研究者和教育工作者之间的交流与合作，推动跨学科教学研究的深入发展。

小学道德与法治跨学科教学研究的创新点在于教学模式的创新设计、教学资源的整合与开发、教师专业发展的系统化培训、学生综合素质的全面培养以及科学的评价体系。通过这些创新，预期能够构建完善的理论体系，推广有效的教学模式，开发丰富的教学资源，提升教师的专业素养，提高学生的综合素质，并建立科学的评价体系。这些预期成果不仅将显著提升小学道德与法治教育的质量，还将为教育改革和社会进步做出积极贡献。

第二章 跨学科教学的理论基础

第一节 跨学科教学的定义与特征

跨学科教学是一种教育理念和教学方法，它通过整合多门学科的知识与技能，旨在培养学生的综合素质和解决实际问题的能力。这种教学方式打破了传统学科之间的界限，强调知识的关联性和整体性，促进学生在多维度上理解和应用所学内容。以下将详细介绍跨学科教学的定义与特征。

一、跨学科教学的定义

跨学科教学（Interdisciplinary Teaching）是指将两个或多个学科的内容、方法和视角有机结合，通过综合的教学设计和实践，帮助学生构建更加全面和深刻的知识体系。跨学科教学不仅关注各学科知识的传授，还注重学生对知识的整合和应用，培养他们的批判性思维、创造力和协作能力。

二、跨学科教学的特征

1. 知识整合

跨学科教学强调知识的整合性，将不同学科的知识点进行关联和融合，形成一个整体的知识框架。例如，在学习环境保护这一主题时，可以结合地理学的环境知识、生物学的生态系统原理、法律学的环保法规以及道德学的责任意识，从多个角度进行综合探讨，使学生获得全面的理解。

2. 问题导向

跨学科教学通常以问题为导向，通过提出和解决实际问题，引导学生进行跨学科的思考和学习。问题导向的教学方法不仅能够激发学生的学习兴趣，还能培养他们的问题解决能力和创新思维。例如，探讨一个城市的交通拥堵问题，可以从经济学、城市规划、环境科学和社会学等多个角度进行分析和解决方案设计。

3. 项目式学习

跨学科教学常采用项目式学习（Project-Based Learning）的形式，通过实际项目的开展，让学生在解决问题的过程中综合运用多学科的知识和技能。项目式学习能够增强学生的动手能力和团队合作精神，同时也提高了他们的自主学习能力和责任感。

4. 多样化的教学方法

跨学科教学注重教学方法的多样化，结合讲授法、讨论法、实验法、探究法等多种教学手段，增强教学的灵活性和适应性。通过多样化的教学方法，可以更好地满足不同学生的学习需求，提升教学效果。例如，在探究某个社会问题时，可以通过角色扮演、情景模拟和小组讨论等多种方式进行深入学习和探讨。

5. 以学生为中心

跨学科教学以学生为中心，尊重学生的主体地位和个体差异，强调学生的主动参与和自主学习。教师在教学过程中更多地扮演引导者和促进者的角色，通过启发式教学和指导，帮助学生自主探索和发现知识。例如，在开展跨学科项目时，教师可以提供必要的资源和支持，引导学生自主制定研究计划和实施方案。

6. 综合素质培养

跨学科教学不仅关注学生的知识掌握情况，还注重他们综合素质的培养。通过跨学科的学习，学生在知识、技能、态度和价值观等方面得到全面发展。

例如，通过跨学科的环境保护项目，学生不仅学习到相关的科学知识，还能够增强环保意识和社会责任感。

7. 灵活的课程设计

跨学科教学需要灵活的课程设计，以适应不同学科内容的整合和实际教学需求。课程设计应充分考虑学科间的内在联系和学生的认知特点，合理安排教学内容和活动。例如，可以通过设置主题单元或模块，将不同学科的知识点有机结合在一起，形成连续性和系统性的教学内容。

8. 教师协作

跨学科教学需要教师之间的密切协作，教师们需要共同设计教学方案、开发教学资源、实施教学活动并进行教学评价。教师的协作不仅能够提高教学质量，还能促进教师的专业发展和教学创新。例如，在开展跨学科项目时，不同学科的教师可以共同参与项目的指导和评估，互相借鉴和学习彼此的教学经验和方法。

9. 评价多元

跨学科教学强调多元化的评价体系，不仅关注学生的学科知识掌握情况，还重视他们在综合应用能力、创新思维、合作能力等方面的表现。评价方法可以包括过程性评价、项目评价、学生自评和互评等，全面反映学生的学习成果和发展情况。例如，在跨学科项目中，可以通过项目报告、展示和评议等多种形式，对学生的学习成果进行综合评价。

10. 持续改进

跨学科教学是一个不断发展和完善的过程，需要在实践中不断反思和改进。教师应根据教学实践的反馈和评价结果，不断调整和优化教学方案，提升教学效果和学生的学习体验。例如，通过定期的教学反思和研讨，教师可以总结教学中的成功经验和存在的问题，制定改进措施，不断提升跨学科教学的质量和效果。

总之，跨学科教学是一种以知识整合、问题导向、项目式学习和学生中心为核心特征的教学方法，旨在通过多学科的综合应用和实践，培养学生的综合素质和解决实际问题的能力。跨学科教学不仅关注学科知识的传授，更注重学生的全面发展和综合能力的提升，为他们未来的学习和生活奠定坚实的基础。

第二节 跨学科教学的理论依据

跨学科教学的理论依据涵盖了多种教育学、心理学、社会学等领域的理论，为其提供了丰富且多样的基础。这些理论不仅解释了跨学科教学的必要性和重要性，也为其实施提供了方法和策略。以下是对这些理论依据的详细介绍：

一、建构主义学习理论

建构主义学习理论强调学生是知识的主动建构者，而非被动接受者。这个理论由皮亚杰和维果斯基等学者提出，认为学习是个体在与环境交互过程中，通过自身的经验和认知结构不断构建知识的过程。

皮亚杰的认知发展理论：皮亚杰认为，学习是一个主动的过程，学生通过同化和顺应两种方式，不断调整和发展认知结构。

跨学科教学通过多学科的整合，提供丰富的学习情境，促进学生在不同情境中应用和调整已有的知识结构，从而构建新的认知。

维果斯基的社会文化理论：维果斯基强调社会互动在学习中的重要性，提出了"最近发展区"的概念，指的是学生在成人或能力更强的同伴帮助下能够达到的潜在发展水平。

跨学科教学通过合作学习和项目学习，提供社会互动的机会，帮助学生在协作中共同成长。

二、多元智能理论

多元智能理论由霍华德·加德纳提出，认为人类的智能是多元的，包括语言智能、数学逻辑智能、空间智能、音乐智能、肢体运动智能、人际智能、内省智能、自然探索智能和存在智能。

多样化的学习体验：跨学科教学通过整合不同学科的内容和方法，提供多样化的学习体验，全面开发学生的多种智能。例如，通过将数学与艺术结合，可以同时激发学生的逻辑智能和空间智能。

个性化教育：多元智能理论支持因材施教，跨学科教学能够根据学生的不同智能类型，提供个性化的学习内容和方法，促进每个学生的全面发展。

三、情境学习理论

情境学习理论认为学习是情境化的，知识的理解和应用必须在具体的情境中进行。该理论由让·莱夫和爱丁纳·温格提出，强调学习的社会性和情境性。

真实情境的创建：跨学科教学通过设计真实的问题情境和项目，让学生在实际情境中学习和应用知识。这样，学生不仅能够更好地理解和掌握知识，还能提高解决实际问题的能力。

社会实践共同体：跨学科教学强调通过合作学习和项目学习，创建学习共同体，让学生在共同体中通过互动和协作进行学习。这种方法有助于培养学生的社交技能和团队合作能力。

四、全人教育理念

全人教育理念强调教育应注重学生的全面发展，包括知识、技能、态度、价值观等多个方面。

综合素质的培养：跨学科教学通过多学科知识的整合和应用，促进学生在认知、情感和社会性等方面的全面发展。例如，通过综合性的项目活动，学生可以在解决问题的过程中培养批判性思维、创造力和社会责任感。

人格的塑造：全人教育强调人格的培养，跨学科教学通过多样化的教学内容和方法，促进学生人格的健康发展，如培养学生的道德素养、法治意识和社会责任感。

五、系统理论

系统理论由贝塔朗菲提出，强调整体性和系统性，认为事物是相互联系和影响的整体。

整体观念：跨学科教学通过整合不同学科的知识，形成一个系统的知识结构，帮助学生从整体上理解和解决复杂问题。例如，将科学、技术、工程和数学（STEM）学科结合在一起，可以培养学生的综合素养和创新能力。

动态平衡：系统理论强调系统的动态平衡，跨学科教学通过灵活的课程设计和教学方法，适应不同学科内容的变化和学生的个体差异，促进教学的动态发展和优化。

六、经验学习理论

经验学习理论由戴维·科尔布提出，认为学习是一个循环的过程，包括具体经验、反思观察、抽象概念化和积极实践四个阶段。

实践中的学习：跨学科教学通过项目式学习和问题导向学习，让学生在实际操作中获得经验，并通过反思和总结提升认知水平。例如，通过科学实验项目，学生在动手实践中获得具体经验，通过反思和总结提升对科学原理的理解。

循环反馈：经验学习理论强调学习的循环反馈过程，跨学科教学通过持续的反思和反馈，促进学生不断改进和提升。例如，通过项目的反思报告和同伴评议，学生可以发现自己的不足之处，并进行改进和提高。

七、社会建构主义

社会建构主义由维果斯基提出，强调社会互动和协作在知识构建中的作用。

合作学习：跨学科教学通过小组合作、讨论和项目等形式，促进学生之间的交流和协作，增强学习效果和社会能力。例如，通过小组项目，学生在合作中共同探索和解决问题，互相学习和支持。

社会互动：社会建构主义强调学习是一个社会互动的过程，跨学科教学通过互动和协作，帮助学生在社会情境中建构知识和技能。例如，通过模拟法庭活动，学生在角色扮演中学习法律知识和辩论技巧。

八、生态系统理论

生态系统理论由尤里·布朗芬布伦纳提出，认为教育是一个复杂的生态系统，涉及多种因素的相互作用。

多因素的综合：跨学科教学通过整合不同学科的知识和资源，形成一个综合的教育生态系统，有助于学生在多元环境中成长和发展。例如，通过环境科学项目，学生可以综合学习生物学、化学和社会学的知识，理解环境保护的复杂性和多样性。

系统的相互作用：生态系统理论强调系统内部的相互作用，跨学科教学通过多学科的协同作用，促进学生全面发展和系统思考。例如，通过社区服务项目，学生在实际行动中理解社会问题，培养社会责任感和行动力。

九、学习迁移理论

学习迁移理论研究知识和技能在不同情境之间的应用和迁移。

知识的迁移应用：跨学科教学通过多学科知识的综合应用，促进学生在不同情境中灵活运用所学知识，提高学习迁移能力。例如，通过跨学科的创新项目，学生在解决新问题时能够灵活运用已有的知识和技能。

情境的多样化：学习迁移理论强调知识的情境性，跨学科教学通过提供多样化的学习情境，帮助学生在不同情境中应用和迁移知识。例如，通过跨学科的模拟和实验活动，学生在不同的模拟情境中练习和应用所学知识。

十、实践共同体理论

实践共同体理论由爱丁纳·温格提出，认为学习是参与社会实践共同体的过程。

共同体的学习：跨学科教学通过项目和问题导向的学习，建立学习共同体，让学生在真实的社会实践中学习和成长。例如，通过跨学科的社区项目，学生在实际行动中学习和应用知识，体验社会实践的过程。

社会互动与协作：实践共同体理论强调社会互动和协作在学习中的重要性，跨学科教学通过协作学习和项目实践，促进学生之间的互动和协作。例如，通过跨学科的合作项目，学生在团队合作中共同解决问题，互相支持和学习。

综上所述，跨学科教学的理论依据涵盖了建构主义学习理论、多元智能理论、情境学习理论、全人教育理念、系统理论、经验学习理论、社会建构主义、生态系统理论、学习迁移理论和实践共同体理论等多种理论。这些理论为跨学科教学提供了丰富的理论基础和实践指导，支持其在教育实践中的有效实施。通过整合多学科的知识和方法，跨学科教学不仅提升了学生的学科知识水平，还促进了他们的综合素质和能力的提高，为他们未来的学习和生活奠定了坚实的基础。

第三节 跨学科教学的发展历程

跨学科教学的发展历程可以追溯到 20 世纪初期，经历了多个阶段，从最初的尝试和探索，到逐渐成熟和体系化，跨学科教学在全球范围内得到越来越广泛的应用。以下是对跨学科教学发展历程的详细介绍，包括一些专业的案例。

一、早期探索阶段（20 世纪初—20 世纪中期）

1. 初期背景

跨学科教学的概念最早可以追溯到 20 世纪初期的进步教育运动。当时，教育改革者如约翰·杜威提出了以学生为中心、注重经验和实践的教育理念。他们认为教育应当反映学生的兴趣和生活经验，而不是仅仅传授孤立的学科知识。

2. 杜威的实验学校

约翰·杜威在芝加哥大学创办的实验学校是早期跨学科教学的典型案例。他在教学中强调"做中学"，通过项目和问题导向的学习，让学生在实际活动中综合运用多学科知识。例如，在一个关于农业的项目中，学生不仅学习了科学知识（植物生长、土壤科学），还涉及数学（测量、计算）和社会学（农民生活、市场经济）等方面的内容。

二、理论深化阶段（20 世纪中期—20 世纪 80 年代）

1. 理论发展

20 世纪中期，随着教育理论的发展，跨学科教学逐渐得到更多的关注。皮亚杰的认知发展理论和维果斯基的社会文化理论为跨学科教学提供了重要的理论支持。皮亚杰强调知识的建构过程，而维果斯基则强调社会互动在学习中的重要性，这些理论都支持了跨学科教学的必要性和有效性。

2. 卡尔顿项目

20 世纪 60 年代，卡尔顿学院的"卡尔顿项目"是一个重要的跨学科教学实践案例。该项目通过将科学、数学、工程和人文社科结合起来，设计了一系列综合课程，让学生在解决实际问题的过程中应用多学科知识。例如，一个关于环境保护的项目，要求学生不仅理解生态学原理，还需要考虑社会、经济和政策等多方面的因素。

三、体系化阶段（20 世纪 80 年代—21 世纪初）

1. STEM 教育的兴起

20 世纪 80 年代末，随着科学技术的发展，STEM 教育（Science、Technology、Engineering、Mathematics）成为跨学科教学的重要形式之一。STEM 教育强调通过科学、技术、工程和数学融合，进行项目和问题导向的学习，培养学生的创新能力和实践能力。STEM 课程通常涉及多个学科的整合，例如通过设计和建造桥梁的项目，学生需要应用物理、数学和工程学的知识。

2. PBL（项目式学习）

项目式学习（Project–Based Learning，PBL）在这一阶段得到了广泛推广。PBL 强调学生在实际项目中学习，通过解决真实问题，综合应用多学科知识。例如，美国的一些高中在生物学课程中引入了基因工程项目，学生在实验室中进行实际操作，学习生物技术和伦理学。

四、全球推广阶段（21 世纪初—至今）

进入 21 世纪，跨学科教学在全球范围内得到广泛推广。许多国家在教育改革中强调跨学科教学的重要性，并将其纳入国家课程标准。例如，芬兰在 2016 年推行的新课程改革中，明确要求学校在各学科教学中融入跨学科主题，培养学生的综合素质和能力。全球推广的几个案例如下：

1. 芬兰的"现象教学"

芬兰的"现象教学"（Phenomenon–Based Learning）是跨学科教学的典型案例。该教学模式要求学生围绕一个现实世界的现象进行综合学习。例如，在一个关于气候变化的现象教学项目中，学生需要综合学习地理、科学、政治、经济和伦理等多个学科的知识，通过调查研究、实验和讨论，全面理解气候变化的原因、影响和应对策略。

2. 美国的"设计思维"课程

美国一些学校引入了"设计思维"课程，作为跨学科教学的一部分。设计思维课程强调通过创新和设计解决现实问题，涉及工程、艺术、科学和社会学等多个学科。例如，旧金山的一所高中在设计思维课程中，要求学生设计和建造一个社区花园。学生在项目中学习植物学（选择适合的植物）、工程学（设计和建造花园结构）、艺术（美化花园）和社会学（与社区居民合作）。

3. 新加坡的"未来学校"计划

新加坡的"未来学校"计划是跨学科教学的一个成功案例。该计划通过引入先进的教育技术和创新的教学方法，促进跨学科教学的发展。例如，一些学校设计了"智能城市"项目，学生通过模拟城市规划，学习城市规划、环境科学、信息技术和社会学等多个学科的知识。

五、数字化和智能化阶段（21 世纪 10 年代—至今）

1. 数字技术的应用

随着信息技术的发展，数字化工具和资源在跨学科教学中得到了广泛应用。例如，通过在线平台和虚拟实验室，学生可以在全球范围内进行合作学习和研究。数字技术不仅提高了教学的灵活性和互动性，还为跨学科教学提供了丰富的资源和工具。

2. 人工智能和大数据

人工智能和大数据技术在跨学科教学中的应用也逐渐增加。例如，通过大数据分析，教师可以了解学生的学习情况和需求，提供个性化的教学支持。人工智能技术可以帮助设计和实施智能化的教学方案，提高教学效果。

六、跨学科教学的未来展望

跨学科教学在未来将继续发展，成为教育创新的重要方向。随着科学技术的不断进步和社会需求的变化，跨学科教学将更加注重培养学生的创新能力、实践能力和综合素质。例如，通过虚拟现实和增强现实技术，学生可以在虚拟环境中进行跨学科的模拟实验和项目学习。未来的跨学科教学将更加灵活、多样和智能化，为学生提供更加丰富和全面的学习体验。

跨学科教学的发展历程从早期的探索和实验，逐步走向体系化和全球推广，并在数字化和智能化的推动下不断创新和进步。通过整合多学科的知识和学习方法，跨学科教学不仅提升了学生的学科知识水平，还促进了他们的综合素质和能力的提高，为未来的教育变革和社会进步提供了重要的支持。上述专业案例展示了跨学科教学在不同国家和教育背景下的多样化实践，为跨学科教学的进一步发展提供了宝贵的经验和借鉴。

第四节 跨学科教学在现代教育中的应用

跨学科教学在现代教育中的应用，尤其是在小学阶段，展现了其独特的优势和广阔的前景。通过整合多学科的知识和方法，跨学科教学不仅提升了学生的学习兴趣和综合能力，还促进了他们的全面发展和创新思维。尽管在实施过程中面临一些挑战，但通过不断的创新和改进，跨学科教学将在未来的教育改革中继续发挥重要作用，成为培养高素质和创新型人才的重要途径。

一、小学阶段跨学科教学的必要性与重要性

小学阶段是学生认知发展和兴趣培养的关键时期。传统的学科分割教学方式往往难以激发学生的学习兴趣和潜能，而跨学科教学通过综合学习，不仅能够提高学生的学习兴趣，还能培养他们的综合能力和创新思维。通过跨学科教学，学生能够在真实情境中理解和应用知识，形成更加全面和深刻的认知结构。

二、小学跨学科教学的核心理念

跨学科教学的核心理念是通过综合学习，打破学科之间的壁垒，促进知识的整合与应用。具体来说，这种教学方式注重以下几个方面：

1. 知识整合：将不同学科的知识有机结合，使学生在学习过程中能够看到知识的整体性和关联性。

2. 实际应用：通过真实情境中的任务和项目，让学生在实践中应用所学知识，培养他们解决实际问题的能力。

3. 协作学习：鼓励学生通过团队合作，共同完成任务，培养他们的合作精神和沟通能力。

4. 创新思维：通过跨学科的综合学习，激发学生的创新意识和创造力。

三、小学跨学科教学的实施策略

在小学阶段，跨学科教学的实施需要精心设计和科学规划。以下是一些主要的实施策略：

1. 项目式学习

通过项目驱动学习，学生在解决实际问题的过程中学习和应用多学科知识。项目式学习强调学生的自主探究和合作学习，是跨学科教学的重要形式。

案例1：环境保护项目

在一个环境保护项目中，学生以小组为单位，研究本地的生态环境问题。例如，学生可以选择研究当地河流的污染问题。在这个项目中，学生需要学习科学（污染物的种类和危害）、地理（河流的分布和流域）、社会学（人类活动对环境的影响）和数学（数据统计和分析）等多学科知识。通过实地考察、数据收集和分析，学生提出解决污染问题的建议，并在课堂上进行展示和讨论。这种项目式学习不仅提高了学生的环境保护意识，还培养了他们的合作能力和解决问题的能力。

2. 主题探究学习

以某个主题为中心，开展综合性学习活动。例如，以"环境保护"为主题，学生可以学习到科学知识、社会责任感、艺术创作等多方面内容。

案例2：四季变化

在学习四季变化的主题时，教师可以将科学（季节更替的原理）、美术（绘画四季景色）、文学（阅读和创作与四季相关的诗歌）和音乐（演唱和创作四季主题的歌曲）等学科结合起来。通过多种形式的活动，学生不仅理解了四季变化的科学原理，还通过艺术创作表达了他们对四季的感受和理解。这种主题探究学习方式，既丰富了学生的知识，也激发了他们的创造力和表达能力。

3. 情境教学

在真实或模拟的情境中进行教学，使学生在具体情境中理解和应用知识。

例如，通过校园种植园的管理，学生可以学习生物知识、数学计算、社会分工等。

案例3：校园种植园

在校园中开设种植园，让学生亲身参与种植和管理植物的过程。这个项目可以结合科学（植物的生长过程和养护方法）、数学（种植计划的制定和计算）、艺术（植物的绘画和记录）和社会学（团队合作和分工）等多学科知识。通过情境教学，学生在实际操作中学会了如何综合应用多学科知识，并且提高了他们的动手能力和团队合作精神。

4. 综合实践活动

通过综合实践活动，让学生在动手操作中学习和应用知识。例如，组织学生进行科学实验、手工制作、社会调查等综合活动。

案例4：综合实践活动

在一个"传统节日"主题的活动中，学生学习和体验中国传统节日的习俗和文化。这包括语文（阅读和创作与节日相关的文章）、美术（绘制节日主题的画作）、音乐（演唱节日歌曲）和历史（了解节日的历史渊源）等学科。通过多种形式的综合活动，学生不仅加深了对传统文化的理解，还培养了他们的综合素质和实践能力。

5. 跨学科课程设计

在课程设计中，打破学科界限，将相关学科内容整合到一个综合课程中。例如，设计一门"科技与艺术"的综合课程，涵盖科学、技术、工程、艺术和数学等多学科内容。

案例5：美国 STEAM 教育

STEAM 代表科学（Science）、技术（Technology）、工程（Engineering）、艺术（Arts）和数学（Mathematics），是美国小学阶段跨学科教学的一个重要形式，它强调跨学科的学习，鼓励学生运用多元化的知识和技能解决实际问题。例如，在一个关于"建造桥梁"的项目中，学生需要综合运用物理学（力学原理）、工程学（桥梁设计）、艺术（桥梁的美学设计）和数学（测量和计算）等多学科知识。在实际建造过程中，学生不仅学会了各学科的知识，还培养了他们的创新能力和实践技能。

四、科技赋能跨学科教学

科技在跨学科教学中的应用正在为其发展注入新的动力。现代信息技术和智能设备的广泛应用，使得跨学科教学不仅变得更加灵活，也更具互动性和吸引力。教师可以利用这些技术手段，设计并实施一系列创新的跨学科教学活动，从而提高教学效果，激发学生的学习兴趣。

1. 信息技术与跨学科教学

信息技术的发展为跨学科教学提供了丰富的资源和工具。教师可以借助网络资源，搜集和整合各学科的教学资料，制作多媒体课件，开展在线讨论和协作学习。例如，通过使用电子白板、互动投影和在线学习平台，教师可以将不同学科的内容有机地结合在一起，展示复杂的知识结构和关系。这样，学生不仅可以在课堂上实时参与互动，还可以通过网络平台进行课后复习和拓展学习，真正实现无缝学习。

2. 智能设备与跨学科教学

智能设备的普及为跨学科教学带来了前所未有的便捷。平板电脑、智能手机和智能手表等设备，已经成为学生学习的重要工具。教师可以利用这些设备，开展移动学习和个性化教学。例如，教师可以设计基于平板电脑的跨学科学习任务，学生通过移动设备进行数据采集、分析和汇报，实现即时反馈和互动。同时，智能设备还可以帮助教师监控学生的学习进度和效果，根据学生的表现进行个性化的教学调整，提高教学的针对性和有效性。

3. 虚拟现实（VR）和增强现实（AR）技术的应用

虚拟现实（VR）和增强现实（AR）技术的应用，为跨学科教学提供了全新的教学体验。通过 VR 技术，学生可以进入一个虚拟的学习环境，进行跨学科的模拟实验和探究学习。例如，学生可以在虚拟实验室中进行科学实验，观察微观世界的变化过程，或者在虚拟考古现场中探究历史文物的秘密。AR 技术则可以将虚拟的教学内容叠加到现实环境中，增强学生的现实感知和学习体验。例如，学生在学习地理时，可以通过 AR 技术观察地形变化和地质构造，深入理解地理知识。

4. 大数据与人工智能（AI）在跨学科教学中的应用

大数据和人工智能（AI）技术的应用，为跨学科教学的个性化和智能化提供了技术支持。通过大数据分析，教师可以了解学生的学习习惯和兴趣，掌握学生的知识掌握情况和学习困难，从而有针对性地进行教学调整和辅导。AI 技术可以为学生提供智能化的学习建议和指导，帮助学生进行自主学习和探究。例如，AI 辅导系统可以根据学生的学习表现，推荐相关的学习资源和练习题，实时解答学生的问题，提升学生的学习效率和效果。

5. 线上线下混合教学模式

科技的发展使得线上线下混合教学模式成为可能。跨学科教学可以通过线上课程和线下活动相结合的方式，充分利用线上资源的广泛性和线下活动的实践性。例如，教师可以在网上发布跨学科的学习任务和资源，学生在线上进行预习和讨论，然后在线下进行实践和实验，最后再通过线上平台进行总结和汇报。这样的混合教学模式，既可以充分发挥线上资源的优势，又可以增强学生的实践能力和合作精神。

6. 科技赋能的跨学科教学的未来展望

随着科技的不断进步，跨学科教学将迎来更加广阔的发展前景。未来的跨学科教学将更加注重个性化和智能化，利用科技手段为每个学生提供量身定制的学习体验。同时，随着虚拟现实、增强现实、大数据和人工智能技术的进一步发展，跨学科教学的形式将更加多样化，学生的学习体验将更加直观和深刻。通过科技赋能，跨学科教学将真正实现知识的综合应用和创新，培养具备多学科知识和综合能力的创新型人才，满足未来社会对人才的多样化和高素质需求。

五、跨学科教学在小学阶段的优势

跨学科教学在小学阶段具有显著的优势，主要体现在以下几个方面：

1. 提高学习兴趣：通过多样化的学习活动和实际应用，跨学科教学能够激发学生的学习兴趣，使他们更加积极主动地参与学习。

2. 促进知识的理解与应用：通过综合学习，学生能够更好地理解知识的内在联系和实际应用，增强他们的知识整合能力和实际操作能力。

3. 培养综合素质：跨学科教学注重培养学生的综合素质，包括批判性思维、创新能力、团队合作和沟通能力等，使学生能够全面发展。

4. 适应未来社会需求：现代社会需要的是具备多学科知识和综合能力的复合型人才。跨学科教学能够培养学生的综合素质，使他们更好地适应未来社会的需求。

5. 增强学习的实用性：通过实际项目和任务，学生能够在真实情境中应用所学知识，增强学习的实用性和效果。

六、跨学科教学在小学阶段的实施效果与挑战

1. 实施效果

跨学科教学在小学阶段的实施取得了显著效果。学生在综合学习中表现出更高的学习兴趣和参与度，知识的整合能力和实际应用能力也得到了显著提升。例如，通过项目式学习和情境教学，学生在实际操作中学会了如何综合应用多学科知识，并且提高了他们的动手能力和团队合作精神。

2. 挑战

尽管跨学科教学具有诸多优势，但在实施过程中也面临一些挑战。这些挑战主要包括：

（1）**教师素质的提升**：跨学科教学对教师的综合素质要求较高。教师不仅需要具备多学科知识，还需要具备跨学科教学的能力和经验。为此，学校需要加强教师的培训和专业发展，提供必要的支持和资源。

（2）**课程与教学资源的开发**：跨学科教学需要科学设计课程和教学资源。学校应加强课程研发，开发适合跨学科教学的教材和教具，同时建立资源共享平台，供教师参考和使用。

（3）**评价机制的改进**：传统的评价机制往往侧重于单一学科的知识考核，难以全面评价跨学科教学的效果。为此，学校需要探索和建立适合跨学科教学的评价机制，注重学生综合能力的考核和评价。

（4）**教育环境与氛围的营造**：跨学科教学需要一个开放、合作和创新的教育环境。学校应营造良好的教育氛围，鼓励教师之间的合作与交流，支持学生的自主探究和创新实践。

小学阶段是学生认知发展和兴趣培养的关键时期。传统的学科分割教学方式往往难以激发学生的学习兴趣和潜能，而跨学科教学通过综合学习，不仅能够提高学生的学习兴趣，还能培养他们的综合能力和创新思维。通过跨学科教学，学生能够在真实情境中理解和应用知识，形成更加全面和深刻的认知结构。跨学科教学在现代教育中，特别是在小学阶段，展现了其独特的优势和广阔的前景。通过整合多学科的知识和学习方法，跨学科教学不仅提升了学生的学习兴趣和综合能力，还促进了他们的全面发展和创新思维。

第五节 跨学科教学的优势与挑战

跨学科教学作为现代教育的重要趋势之一，其独特的教育理念和方法在促进学生综合素质发展方面表现出显著的优势。然而，跨学科教学在实践中也面临着诸多挑战。以下是对跨学科教学优势与挑战的详细探讨。

一、跨学科教学的优势

跨学科教学通过整合多个学科的知识和方法，为学生提供了一个更为全面和立体的学习体验。其主要优势包括：

1. 促进知识的整合与应用

跨学科教学强调知识的综合应用，打破了学科之间的壁垒，使学生能够从整体上理解和应用知识。通过跨学科的综合学习，学生不仅掌握了各学科的基本知识，还能够在实际情境中将这些知识有机结合，解决复杂的实际问题。这种知识的整合与应用，有助于学生形成更为完整的知识体系，提升他们的认知水平。

2. 提高学生的学习兴趣和动机

传统的单一学科教学往往难以激发学生的学习兴趣，而跨学科教学通过多样化的学习活动和实际应用，能够极大地提高学生的学习兴趣和动机。例如，通过项目式学习、主题探究和情境教学等方式，学生在解决实际问题的过程中体验到学习的乐趣和成就感，从而更加积极主动地参与学习。

3. 培养学生的综合能力

跨学科教学注重培养学生的综合能力，包括批判性思维、创新能力、团队合作和沟通能力等。在跨学科的学习过程中，学生需要综合运用多学科知识，进行探究和创新，解决实际问题。此外，通过团队合作完成任务，学生的合作精神和沟通能力也得到了培养和提升。

4. 促进学生的全面发展

跨学科教学关注学生的全面发展，不仅在知识和技能方面对学生进行培养，还注重学生在态度、价值观和社会责任感等方面的发展。通过跨学科的综合学习，学生能够更好地理解和尊重多元文化，增强社会责任感，形成正确的价值观和行为准则。

5. 满足未来社会的需求

现代社会对人才的需求日益多样化和综合化。跨学科教学通过培养学生的综合素质，使他们能够适应未来社会的复杂性和多变性，成为具备多学科知识和综合能力的复合型人才。这种人才培养模式，符合未来社会发展的需要，有助于提升学生的竞争力和适应能力。

二、 跨学科教学的挑战

尽管跨学科教学具有诸多优势，但在实践过程中也面临一些挑战。这些挑战主要包括：

1. 教师素质的提升

跨学科教学对教师的综合素质要求较高。教师不仅需要具备多学科知识，还需要掌握跨学科教学的理念和方法，能够设计和实施跨学科的教学活动。然而，当前许多教师的专业背景和教学经验较为单一，难以适应跨学科教学的要求。为此，学校和教育部门需要加强教师的培训和专业发展，提供必要的支持和资源，提升教师的跨学科教学能力。

2. 课程与教学资源的开发

跨学科教学需要科学设计课程和教学资源，然而，目前许多学校的课程设置和教学资源仍以单一学科为主，缺乏跨学科的综合课程和资源。为了解决这一问题，学校应加强课程研发，开发适合跨学科教学的教材和教具，同时建立资源共享平台，供教师参考和使用。此外，学校还应鼓励教师参与课程开发和教学资源的制作，提高跨学科教学的质量和效果。

3. 评价机制的改进

传统的评价机制往往侧重于单一学科的知识考核，难以全面评价跨学科教学的效果。跨学科教学注重综合能力的培养，评价机制也应相应改进。例如，可以通过项目成果展示、综合能力测试、学生自评与互评等多种方式，对学生的跨学科学习效果进行全面评价。教育部门和学校应探索和建立适合跨学科教学的评价机制，注重学生综合能力的考核和评价。

4. 教育环境与氛围的营造

跨学科教学需要一个开放、合作和创新的教育环境。然而，许多学校的教育环境和氛围仍然较为保守，缺乏支持跨学科教学的条件和氛围。学校应营造良好的教育环境，鼓励教师之间的合作与交流，支持学生的自主探究和创新实践。例如，可以通过组织跨学科教学研讨会、设立跨学科实验室和项目基地等方式，为跨学科教学提供良好的环境和支持。

5. 资源和时间的限制

跨学科教学通常需要更多的资源和时间，包括教师的准备时间、学生的学习时间以及各种教学资源的投入。然而，当前许多学校的资源和时间有限，难以满足跨学科教学的需求。为了解决这一问题，学校和教育部门需要合理分配和利用资源，提供必要的支持和保障。例如，可以通过增加跨学科教学的预算，提供专项资金支持教师的跨学科教学活动，优化课程安排，合理分配学生的学习时间。

跨学科教学作为现代教育的重要趋势，具有显著的优势，包括促进知识的整合与应用、提高学生的学习兴趣和动机、培养学生的综合能力、促进学生的全面发展以及满足未来社会的需求。然而，跨学科教学在实践中也面临教师素质提升、课程与教学资源开发、评价机制改进、教育环境与氛围营造以及资源和时间限制等挑战。为了解决这些挑战，学校和教育部门需要加强教师培训和专业发展，开发和共享优质的跨学科教学资源，探索和建立适合跨学科教学的评价机制，营造良好的教育环境，并提供必要的资源和时间支持。通过不断的创新和改进，跨学科教学将在未来的教育改革中继续发挥重要作用，成为培养高素质和创新型人才的重要途径。

第三章 小学道德与法治教学的现状分析

第一节 当前小学道德与法治课程设置情况

小学道德与法治课程是我国基础教育课程体系中的重要组成部分，旨在培养学生的道德品质、法治意识和社会责任感。当前，小学道德与法治课程的设置情况呈现出以下几个方面的特点：

一、课程目标

小学道德与法治课程的主要目标是培养学生的基本道德观念和法治意识。具体目标包括：

1. 道德素养的培养：通过学习，让学生懂得基本的道德规范，养成良好的行为习惯，培养关心他人、尊重他人、助人为乐的品质。

2. 法治观念的树立：通过学习基本的法律知识，培养学生的法治意识，使他们了解法律的基本作用，懂得依法行事的必要性。

3. 社会责任感的增强：培养学生的社会责任感，使他们能够关心社会，积极参与社会活动，成为有责任感的公民。

二、课程内容

小学道德与法治课程的内容涵盖广泛，主要包括以下几个方面：

1. 道德教育：主要内容包括爱国主义教育、集体主义教育、家庭美德教育、社会公德教育等。通过这些内容的学习，使学生懂得爱国、爱家、爱集体的道理，培养良好的道德品质。

2. 法治教育：主要内容包括宪法教育、基本法律知识、法律意识培养等。通过这些内容的学习，使学生了解我国的基本法律制度，懂得遵守法律的重要性。

3. 生活教育：主要内容包括生活习惯的培养、安全教育、健康教育等。通过这些内容的学习，使学生养成良好的生活习惯，学会自我保护，懂得健康的重要性。

三、课程实施

小学道德与法治课程的实施情况因地区和学校的不同而有所差异，但总体上，课程的实施情况可以归纳为以下几个方面：

1. 教材使用：各地小学普遍采用教育部统一编写的《道德与法治》教材，教材内容紧密结合学生的生活实际，注重趣味性和实践性，帮助学生在真实情境中学习道德和法治知识。

2. 教学方法：在教学方法上，教师普遍采用讲授、讨论、案例分析、角色扮演等多种教学方法，注重调动学生的积极性和参与性，使学生在互动中学习和体会道德和法治的意义。

3. 课外活动：为了增强道德与法治教育的实效性，许多学校开展了丰富多彩的课外活动，如法治讲座、模拟法庭、社会实践活动等，通过这些活动使学生在实践中巩固和深化所学知识。

4. 教师培训：各地教育部门高度重视道德与法治课教师的培训，通过定期开展教学研讨会、观摩课、示范课等多种形式，提高教师的专业素质和教学水平。

四、课程评价

小学道德与法治课程的评价体系主要包括过程性评价和终结性评价两种形式：

1. 过程性评价：通过对学生日常表现、课堂参与情况、作业完成情况等方面的观察和记录，对学生的道德行为和法治意识进行综合评价。

2. 终结性评价：通过期末考试、阶段性测试等形式，对学生的学习效果进行系统评估，主要考察学生对基本道德规范和法律知识的掌握情况。

五、存在的问题

尽管小学道德与法治课程在实际操作中取得了一定成效，但仍存在一些问题需要引起重视：

1. 课程内容形式化：部分地区和学校的道德与法治课程内容过于形式化，缺乏与学生生活实际的紧密结合，导致学生学习兴趣不高。

2. 教学方法单一：一些教师在教学过程中依赖传统的讲授法，缺乏多样化的教学方法和手段，学生的参与度和互动性较低，影响教学效果。

3. 师资力量不足：部分地区特别是农村和偏远地区，道德与法治课教师数量不足，专业素质有待提高，影响了课程的整体教学质量。

4. 评价机制不完善：现行的评价机制更多关注知识的掌握情况，对学生道德行为和法治意识的综合评价不够全面和科学。

六、改进措施

针对上述问题，可以采取以下改进措施：

1. 丰富课程内容：加强课程内容与学生生活实际的结合，增加实践性和趣味性，激发学生的学习兴趣。

2. 创新教学方法：鼓励教师采用多样化的教学方法和手段，如情景模拟、案例分析、角色扮演等，增强课堂的互动性和参与性。

3. 加强师资培训：加大对道德与法治课教师的培训力度，提高教师的专业素质和教学水平，对于农村和偏远地区的教师更要加大培训和支持力度。

4. 完善评价机制： 建立科学的评价机制，既关注知识的掌握情况，又注重对学生道德行为和法治意识的综合评价，促进学生的全面发展。

综上所述，小学道德与法治课程作为培养学生道德品质、法治意识和社会责任感的重要途径，具有重要的教育意义。通过不断丰富课程内容、创新教学方法、加强师资培训和完善评价机制，可以进一步提升小学道德与法治课程的教学效果，培养德智体美劳全面发展的社会主义建设者和接班人。

第二节 现行教学方法与手段的分析

　　小学道德与法治课程的教学方法与手段直接关系到课程的教学效果和学生的学习体验。现行教学方法和手段多样化，涵盖了传统教学与现代教育技术的应用。以下是对当前小学道德与法治课程教学方法与手段的详细分析：

一、传统教学方法

1. 讲授法

　　应用范围：讲授法是小学道德与法治课程中最常用的教学方法之一，尤其适用于知识传授和概念解释。

　　优点：教师可以系统、全面地讲解课程内容，有助于学生快速理解和掌握基础知识。

　　缺点：这种方法缺乏互动，学生的参与度较低，容易导致课堂气氛沉闷，学生学习积极性不高。

2. 讨论法

　　应用范围：讨论法适用于需要学生参与、发表意见和讨论的教学内容，如道德判断和法律案例分析。

　　优点：能够提高学生的思维能力和表达能力，促进学生对道德与法治问题的深入思考和理解。

　　缺点：需要教师具备较强的引导和控制能力，否则容易偏离主题，且班级人数较多时不易管理。

3. 案例教学法

　　应用范围：适用于分析具体道德问题或法律案例，通过实际案例引导学生思考和讨论。

　　优点：能够将理论知识与实际生活相结合，帮助学生理解复杂的道德和法治概念，提高解决实际问题的能力。

缺点：需要教师精心选择和设计案例，且学生的参与和讨论效果依赖于其先前的知识储备和思维能力。

二、现代教学手段

1. 多媒体教学

应用范围：多媒体教学广泛应用于道德与法治课程中，尤其适用于内容展示和情境创设。

优点：通过图像、音频、视频等多种媒体形式，能够生动直观地展示教学内容，增强学生的感官体验和理解力。

缺点：技术依赖较高，且需要教师具备一定的多媒体制作和应用能力。

2. 信息化教学

应用范围：信息化教学包括电子教材、在线课程、学习平台等，适用于课堂教学和课后学习。

优点：提供丰富的学习资源和互动平台，方便学生进行自主学习和教师开展个性化辅导。

缺点：对学生的自律性和信息技术的使用能力有较高要求，且设备和网络条件不佳的地区应用受限。

3. 虚拟现实（VR）与增强现实（AR）技术

应用范围：VR 和 AR 技术在道德与法治教学中的应用主要体现在模拟实验、情境体验和互动学习上。

优点：提供沉浸式学习体验，使学生能够在虚拟环境中进行互动，深入理解和体验道德与法治问题。

缺点：技术成本较高，设备配置和技术支持要求较高，普及和应用范围有限。

三、创新教学方法

1. 项目式教学

应用范围：项目式教学适用于综合性、跨学科的道德与法治教学内容，通过项目活动进行深度学习。

优点：能够培养学生的综合能力，包括团队合作、问题解决和项目管理等，同时增强学生对知识的应用和内化。

缺点：需要教师具备较强的项目设计和管理能力，且项目活动的组织和实施对时间和资源有较高要求。

2. 情景模拟教学

应用范围：情景模拟教学适用于道德判断和法律实践，通过模拟现实情境进行教学。

优点：能够提高学生的参与度和学习兴趣，使其在真实情境中体验和解决道德与法治问题，增强实际操作能力。

缺点：需要教师精心设计和组织，且学生的参与效果受其情景代入感和角色扮演能力的影响。

3. 翻转课堂

应用范围：翻转课堂主要应用于知识传授和技能训练，通过课前预习和课上讨论进行教学。

优点：将知识传授和内化过程分离，提高课堂教学的互动性和实效性，促进学生的自主学习和深度思考。

缺点：对学生的自主学习能力和课前准备要求较高，且需要教师在课前进行充分的教学设计和资源准备。

四、综合教学手段的应用

1. 混合教学模式

应用范围：混合教学模式将传统教学与现代教学手段相结合，适用于多种教学内容和形式。

优点：能够结合传统教学的系统性和现代教学的互动性，提供多样化的教学体验，满足不同学生的学习需求。

缺点：需要教师具备综合运用多种教学手段的能力，且教学设计和组织难度较大。

2.跨学科教学

应用范围：跨学科教学在道德与法治课程中应用广泛，通过与其他学科内容的整合进行教学。

优点：能够拓宽学生的知识面，增强知识的综合应用能力，培养学生的批判性思维和创新能力。

缺点：需要教师具备跨学科的知识背景和教学能力，且课程设计和实施难度较大。

现行小学道德与法治课程的教学方法与手段多样化，既包括传统的讲授法、讨论法和案例教学法，也包括现代的多媒体教学、信息化教学和VR/AR技术应用，同时还有项目式教学、情景模拟教学和翻转课堂等创新教学方法。每种教学方法和手段都有其独特的优点和适用范围，但也存在一定的局限性和挑战。在实际教学中，教师需要根据教学内容、学生特点和教学目标，灵活选择和组合多种教学方法和手段，不断优化教学设计和实施，提升教学效果，促进学生的全面发展。

第三节 教学资源的现状与问题

一、教学资源的现状

1. 教材资源

内容覆盖面广：目前小学道德与法治课程的教材资源较为丰富，涵盖了从基础知识到实际案例、从理论到实践的多方面内容。教材内容包括道德规范、法律常识、社会规则等，旨在培养学生的道德素养和法治意识。

编排系统化：教材的编排较为系统，按照学年和学期的教学进度进行安排，每个章节都有明确的教学目标和内容，配有相应的练习和思考题。

图文并茂：教材多采用图文并茂的形式，通过图片、插图和案例分析，使内容更加生动直观，便于学生理解和记忆。

2. 辅助资源

教师用书：配套的教师用书为教师提供了详细的教学指导，包括教学目标、教学重点和难点、教学方法建议、教学步骤和课后练习等，帮助教师更好地设计和实施教学活动。

电子资源：越来越多的电子资源被开发和应用，包括电子教材、教学课件、视频资源、音频资源和互动课件等，提供了丰富的教学素材和多媒体支持。

网络平台：各种教育网站和平台提供了大量的教学资源和交流平台，如微课、慕课、在线教学平台等，为教师和学生提供了便捷的学习和交流渠道。

3. 实践活动资源

校内资源：学校通常会组织各种道德与法治实践活动，如主题班会、道德讲座、法律知识竞赛等，为学生提供实际参与和体验的机会。

社会资源：学校还可以利用社区、社会机构和司法机关等社会资源，组织学生参观法院、警察局、社区服务中心等，进行社会实践和法治教育活动。

二、教学资源存在的问题

1. 教材内容与实际生活的脱节

理论性强，实用性弱：部分教材内容过于理论化，缺乏与学生实际生活紧密相关的案例和实例，导致学生难以将所学知识应用于实际生活中。

更新滞后：教材内容更新速度较慢，无法及时反映社会的发展和变化，尤其是法律法规的更新和社会热点问题的变化，导致教学内容陈旧，无法满足学生的实际需求。

2. 辅助资源利用不足

资源分布不均：不同地区和学校的教学资源配置存在较大差异，城市学校和重点学校的教学资源较为丰富，而农村和偏远地区的学校资源相对匮乏，影响了教育公平性。

教师使用技能不足：部分教师对现代教学技术和电子资源的使用不熟悉，缺乏相关培训，导致辅助资源未能充分发挥其作用。

3. 实践活动资源有限

组织难度大：实践活动的组织需要投入大量的人力、物力和财力，尤其是涉及校外活动时，安全问题和管理问题较为突出，增加了组织难度。

活动形式单一：部分学校的实践活动形式单一，缺乏创新和多样性，学生参与的积极性和兴趣不高，影响了实践活动的教育效果。

4. 网络资源的质量参差不齐

资源选择难度大：网络上虽然有大量的教学资源，但质量参差不齐，教师需要花费大量时间筛选和评估，增加了工作负担。

信息过载问题：面对海量的网络资源，教师和学生容易产生信息过载，难以有效利用资源进行教学和学习。

三、改进建议

1. 教材内容优化

增加实用案例：在教材中增加更多与学生实际生活密切相关的案例和实例，

使学生能够更好地将所学知识应用于实际生活中。

及时更新教材：定期更新教材内容，及时反映社会的发展和变化，尤其是法律法规的更新和社会热点问题的变化，保持教材内容的时效性和实用性。

2. 加强辅助资源的开发与应用

均衡资源配置：政府和教育部门应加大对农村和偏远地区学校的资源投入，均衡资源配置，促进教育公平性。

教师培训：加强对教师的培训，提升教师对现代教学技术和电子资源的使用能力，使辅助资源能够充分发挥其作用。

3. 丰富实践活动形式

创新活动形式：学校应创新实践活动形式，丰富活动内容，如模拟法庭、法律辩论赛、道德情景剧等，提高学生参与的积极性和兴趣。

多方合作：加强与社区、社会机构和司法机关的合作，利用社会资源开展多样化的实践活动，为学生提供更多的实际参与和体验机会。

4. 提高网络资源的利用效率

资源评估与推荐：建立专业的网络资源评估和推荐机制，为教师和学生提供高质量的资源推荐，减少筛选时间和信息过载问题。

数字化平台建设：建设和完善数字化教育平台，提供系统化的在线学习和交流环境，促进教师和学生之间的互动和资源共享。

通过对教学资源现状与问题的详细分析，我们可以看到小学道德与法治课程在教学资源方面存在一些亟待解决的问题。优化教材内容、加强辅助资源开发与应用、丰富实践活动形式以及提高网络资源利用效率，将是提升小学道德与法治课程教学效果的重要途径。只有不断改进和完善教学资源，才能更好地满足学生的学习需求，培养他们的道德素养和法治意识。

第四节 教师队伍的素质与培训

教师是教育体系中最关键的要素之一，他们的素质和培训直接影响到教育质量和学生的发展。小学道德与法治课程的特殊性对教师的素质和培训提出了更高的要求。以下是关于小学道德与法治课程教师队伍的素质与培训的详细分析。

一、教师素质的现状

1. 专业知识水平

知识广度与深度：小学道德与法治课程涵盖的内容广泛，包括道德教育、法律知识、社会规则等。教师需要具备扎实的专业知识，能够准确传授课程内容。然而，部分教师在某些方面的知识可能不够全面和深入，影响了教学效果。

2. 教学能力

教学设计能力：教师需要具备设计和组织教学活动的能力，包括制定教学计划、选择教学方法、设计教学环节等。部分教师在教学设计上缺乏创新，不能有效激发学生的学习兴趣。

课堂管理能力：小学阶段学生活泼好动，课堂管理是一个重要挑战。教师需要具备良好的课堂管理能力，能够维持课堂秩序，确保教学活动顺利进行。

3. 职业道德与心理素质

职业道德：教师应具有高度的职业道德，关心爱护学生，严格遵守教师职业规范，树立良好的师德形象。

心理素质：教师在教学过程中可能会遇到各种压力和挑战，良好的心理素质有助于教师保持积极的工作态度和较高的教学效率。

4. 信息技术应用能力

多媒体教学：随着现代教育技术的发展，多媒体教学手段在小学道德与法治课程中得到广泛应用。教师需要掌握多媒体课件制作和使用的基本技能。

网络资源利用：教师需要具备利用网络资源进行教学的能力，能够有效整合网络资源，为教学活动提供支持。

二、教师培训的现状与问题

1. 培训内容与形式

内容单一：当前教师培训内容多集中在基本的教学技能和知识更新方面，缺乏针对性和实用性的培训内容，如课堂管理技巧、情景模拟教学法等。

形式单一：培训形式主要以讲座和集中培训为主，缺乏互动性和实践性，教师参与度和学习效果有限。

2. 培训频次与时间安排

频次不够：教师培训的频次较低，部分教师一学年仅有一次或几次参加培训的机会，难以满足不断更新的教学需求。

时间安排不合理：培训时间多集中在寒暑假或学期初，对教师的工作和生活安排造成一定影响，部分教师因时间冲突而无法参加培训。

3. 培训资源与经费

资源不足：部分地区特别是农村和偏远地区，教师培训资源匮乏，缺乏优质的培训师资和培训材料。

经费有限：教师培训经费不足，导致培训内容和形式受限，难以满足教师多样化的培训需求。

三、提升教师素质与培训的策略

1. 加强教师专业知识培训

定期知识更新：定期组织教师参加专业知识更新培训，邀请专家学者讲授最新的道德与法治教育理论和实践，提高教师的专业知识水平。

跨学科知识培训：加强跨学科知识培训，使教师能够将道德与法治课程与其他学科内容有机结合，提高教学效果。

2. 提升教师教学能力

教学设计与方法培训：针对教学设计和方法的培训，开展案例教学、情景模拟等实践性培训，帮助教师掌握多样化的教学方法，提升教学设计能力。

课堂管理技巧培训：组织课堂管理技巧培训，分享优秀教师的管理经验，提升教师的课堂管理能力。

3. 加强教师职业道德与心理素质培训

职业道德教育：加强职业道德教育，弘扬教师职业精神，增强教师的职业荣誉感和责任感。

心理健康培训：开展心理健康培训，帮助教师应对工作压力和心理挑战，提高心理素质。

4. 提高教师信息技术应用能力

多媒体教学培训：组织多媒体教学技能培训，帮助教师掌握多媒体课件制作和使用的方法，提高教学质量。

网络资源利用培训：加强网络资源利用培训，帮助教师有效整合和利用网络资源，提升教学效果。

5. 优化教师培训内容与形式

多样化培训内容：根据教师的需求和实际情况，设计多样化的培训内容，涵盖教学技能、学科知识、课堂管理、心理健康等方面。

互动性和实践性培训：增加培训的互动性和实践性，通过小组讨论、案例分析、模拟教学等方式，增强培训效果。

6. 增加培训频次与合理安排时间

增加培训频次：增加教师培训的频次，确保教师能够定期参加培训，及时更新知识和技能。

合理安排时间：合理安排培训时间，尽量避免与教师的教学任务冲突，提高教师参加培训的积极性。

7. 加大培训资源与经费投入

增加培训经费：加大对教师培训的经费投入，确保培训内容和形式的多样化和高质量。

丰富培训资源：引进优质的培训资源，邀请专家学者、优秀教师开展培训，提高培训质量和效果。

提高小学道德与法治课程教师队伍的素质与培训水平，是提升课程教学质量的关键。通过加强专业知识培训、提升教学能力、强化职业道德与心理素质培训、提高信息技术应用能力、优化培训内容与形式、增加培训频次与合理安排时间，以及加大培训资源与经费投入，可以全面提升教师的综合素质，促进小学道德与法治课程教学的不断进步和发展。教师作为教育的引导者和推动者，只有不断提升自身的素质和能力，才能更好地引导学生，培养他们成为有道德、有法治意识的新时代公民。

第五节 学生对道德与法治课程的接受度与反馈

道德与法治课程在小学教育中具有重要地位，旨在培养学生的道德品质、法律意识和社会责任感。了解学生对这一课程的接受度与反馈，对于改进教学方法、提升教学质量和实现教育目标至关重要。以下是关于学生对小学道德与法治课程的接受度与反馈的详细分析。

一、学生对道德与法治课程的接受度

1. 课程兴趣

兴趣程度：大多数学生对道德与法治课程表现出一定的兴趣，特别是在涉及实际生活情境和有趣故事的内容时，学生更容易被吸引。然而，部分学生对抽象的法律条文和道德理论缺乏兴趣，导致课堂参与度不高。

兴趣来源：学生的兴趣主要来源于课程内容的趣味性、教师的教学方法以及课堂活动的丰富性。互动性强、实践性高的教学活动如角色扮演、情景模拟等，能够显著提升学生的兴趣。

2. 课程理解

理解程度：总体而言，学生对道德与法治课程的基础知识和核心概念能够较好理解，尤其是通过具体案例和实际生活中的应用，使学生能够更直观地掌握课程内容。然而，部分学生在理解复杂的法律概念和抽象的道德理论时存在困难。

理解障碍：学生理解的主要障碍包括法律术语的陌生性、道德理论的抽象性以及课程内容与学生日常生活的脱节。教师在授课时需注意将抽象概念具体化，结合学生的生活实际进行讲解。

3. 课程价值认知

价值认知：大多数学生能够认识到道德与法治课程的重要性，理解其对于个人成长和社会生活的意义。学生普遍认为，学习道德与法治课程有助于培养良好的道德品质、增强法律意识，并能在日常生活中规范自身行为。

价值认可度：学生对课程价值的认可度较高，但不同年龄和年级的学生在价值认知上存在差异。低年级学生更多关注道德行为规范，高年级学生则更关注法律知识和社会规则的学习。

二、学生对道德与法治课程的反馈

1. 教学内容反馈

内容实用性：学生普遍认为课程内容应更加贴近实际生活，增加与日常生活相关的案例和实际应用。例如，涉及校园安全、交通规则、网络安全等内容，学生反映较好，认为这些内容能够直接指导他们的生活和行为。

内容丰富性：学生希望课程内容更加丰富多样，涵盖更多有趣和实用的道德与法律知识。建议增加故事、影片、社会热点讨论等内容，使课程更加生动有趣。

2. 教学方法反馈

方法多样性：学生对多样化的教学方法表现出积极反馈。互动性强的教学方法，如小组讨论、情景模拟、角色扮演等，能够激发学生的学习兴趣和参与积极性。传统的单向讲授方式较难吸引学生的注意力，建议教师多采用互动和参与式的教学方法。

实践活动：学生对实践活动的反馈普遍较好，认为通过实际体验和操作能够更好地理解和掌握课程内容。建议增加校外参观、社区服务、模拟法庭等实践活动，使学生在真实情境中学习和运用道德与法律知识。

3. 教学资源反馈

资源丰富度：学生希望课程能够提供更多的辅助学习资源，如多媒体课件、阅读材料、音视频资源等。多样化的教学资源有助于提高学习的趣味性和效果。

资源可及性：部分学生反映当前教学资源的获取渠道有限，特别是农村和偏远地区的学生，难以获得优质的学习资源。建议学校和教育部门加强资源建设和共享，提高资源的可及性和覆盖面。

4. 教师素质反馈

教师专业性：学生对教师的专业素质有较高的期望，认为教师应具备扎实的道德与法律知识，能够生动有趣地讲解课程内容。学生喜欢那些能够结合实际案例、深入浅出地讲解知识的教师。

教师态度：学生对教师的教学态度也十分关注。热情、耐心、关心学生的教师更能得到学生的喜爱和尊重。学生希望教师在教学过程中能够关注他们的学习需求和反馈，及时解答疑问和提供帮助。

三、学生接受度与反馈的改进策略

1. 丰富课程内容

结合实际生活：增加与学生实际生活相关的课程内容，如校园安全、家庭教育、网络行为规范等，使课程内容更加贴近学生的生活，提高学习的实用性和兴趣。

多样化内容：丰富课程内容形式，增加故事、案例、影片、社会热点讨论等内容，使课程更加生动有趣，激发学生的学习兴趣。

2. 优化教学方法

互动教学：采用多样化的互动教学方法，如小组讨论、情景模拟、角色扮演等，增强课堂互动性和参与度，提高学生的学习积极性和效果。

增加实践活动：增加校外参观、社区服务、模拟法庭等实践活动，让学生在真实情境中学习和应用道德与法律知识，增强学习体验和效果。

3. 加强教学资源建设

多媒体资源：加强多媒体教学资源建设，提供丰富的课件、视频、音频等辅助学习资源，提高教学的趣味性和效果。

资源共享：加强资源共享和覆盖，特别是农村和偏远地区，确保所有学生都能获得优质的学习资源。

4. 提升教师素质

教师培训：加强教师的专业培训，提高教师的专业知识水平和教学能力，确保教师能够生动有趣地讲解课程内容。

教师态度：培养教师的教学热情和耐心，关注学生的学习需求和反馈，及时提供帮助和支持，增强学生的学习体验和满意度。

学生对小学道德与法治课程的接受度与反馈是衡量课程教学效果的重要指标。通过了解学生的兴趣、理解程度、价值认知以及对教学内容、方法、资源和教师素质的反馈，可以帮助教育工作者发现教学中的问题和不足，制定针对性的改进策略，提升课程的教学质量和效果。通过丰富课程内容、优化教学方法、加强教学资源建设和提升教师素质，可以有效提高学生对道德与法治课程的接受度和满意度，实现课程的教育目标，培养学生的道德品质、法律意识和社会责任感。

第四章 五育融合的理论与实践

第一节 五育融合的内涵与意义

小学道德与法治的"五育融合"教学机制是当前教育改革中的一项重要措施。这一机制旨在通过整合德、智、体、美、劳五个维度,使这些方面的教育相互融合,共同构成小学生综合素质教育的核心内容。通过这种机制,小学生不仅能够全面提升道德素养和法治意识,还能够发展智力、身体素质、美感和劳动技能,从而实现全面发展。

一、五育融合的内涵

五育融合是指在教育过程中,将德育、智育、体育、美育和劳动教育有机结合,形成相互促进、共同发展的教育体系。五育融合的内涵可以从以下几个方面进行阐述:

1. 德育(Moral Education)

德育是指在日常生活中所表现出的道德品质和行为准则。在小学阶段,德育的核心是培养学生的良好品德修养,强化他们的社会责任感和公民意识。道德与法治课程通过爱国主义、集体主义、诚实守信、友善待人等方面的教育,帮助学生树立正确的道德观。德育不仅是一个独立的教育内容,还应渗透到各个学科中,通过课堂教学、课外活动和实际生活中的点滴细节,逐步培养学生的道德品质。

2. 智育（Intellectual Education）

智育涵盖了人类认知能力和知识储备。在小学阶段，智育的重点是培养学生基本的科学知识与技能，并通过启发式教育激发他们的创新思维和探究精神。提高学生的语言表达能力和逻辑思维能力也是智育的重要内容。在道德与法治课程中，可以通过案例分析、问题讨论和情景模拟等方式，让学生在解决实际问题的过程中提升认知能力和知识水平。此外，智育还包括对学生自主学习能力的培养，使他们养成良好的学习习惯，具备终身学习的能力。

3. 体育（Physical Education）

体育主要指身体健康和运动能力水平。在小学阶段，通过各种形式的体育锻炼和运动竞赛，促进学生的身心健康，增强他们的体育意识和体育素养。在道德与法治教育中，体育也扮演着重要角色。例如，通过体育活动培养学生的自我保护能力和团队协作精神。在学校日常教育中，教师可以通过体育课、体育活动和课外锻炼等形式，帮助学生保持身体健康，培养积极向上的生活态度。

4. 美育（Aesthetic Education）

美育是对审美价值的认知和追求。在小学阶段，美育可以通过绘画、音乐、舞蹈、戏剧等多种艺术教育活动，提升学生的审美能力和创造力。道德与法治课程可以通过美育活动，引导学生发现生活中的美好事物，激发他们的美感和创造力。例如，通过美术课让学生了解和欣赏艺术作品，通过音乐课培养他们的音乐素养，通过戏剧表演增强他们的表现力和自信心。美育不仅提高了学生的审美能力，还能促进他们的情感发展和人格完善。

5. 劳动教育（Labor Education）

劳动教育涉及人们通过劳动获得物质和非物质回报的过程。在小学阶段，劳动教育通过手工制作、实践性活动等多种形式，培养学生的实际操作能力和创新精神，并强化他们的劳动意识和社会责任感。在道德与法治课程中，劳动教育有助于学生理解劳动的价值，培养他们的勤劳品质和奉献精神。例如，通过组织学生参与校园清洁、社区服务等劳动实践活动，让他们在实际劳动中体会劳动的意义，提升他们的动手能力和团队协作能力。

总之，德、智、体、美、劳五个方面是相互联系、相互促进的，它们共同构成了小学生综合素质教育和道德与法治课程体系的重要组成部分。在实际的课程实践中，教师需要注重各方面内容的有机结合，充分考虑不同年龄段学生的特点，进行因材施教，以达到最佳的教育效果。

二、五育融合的意义

1. 促进学生全面发展

全面素质提升：五育融合通过综合教育，全面提升学生的道德素质、智力水平、身体素质、审美能力和劳动技能，使其成为德智体美劳全面发展的综合性人才。

均衡发展：在教育过程中，注重各育之间的均衡发展，避免单一学科的偏重或忽视，使学生在各方面均衡发展，具备多元能力。

2. 提升教育质量

教育资源整合：五育融合通过整合各类教育资源，优化教育内容和方法，提高教育的整体质量和效果。

教学方法创新：五育融合促使教育工作者在教学方法上进行创新，采用多元化的教学方式，增强教育的生动性和吸引力，提高教学效果。

3. 增强学生适应能力

社会适应力：通过五育融合，培养学生的综合素质和实践能力，增强其适应社会生活和应对各种挑战的能力。

终身学习能力：五育融合注重学生的自主学习能力和创新能力的培养，使其具备终身学习的意识和能力，能够不断适应社会发展的需要。

4. 促进教育公平

均衡教育机会：五育融合强调教育的全面性和均衡性，为所有学生提供公平的教育机会，促进教育公平和社会公平。

多元发展途径：通过五育融合，提供多样化的发展途径和机会，使不同兴趣和特长的学生都能得到充分的发展和成长。

5. 推动教育现代化

教育理念更新：五育融合反映了现代教育理念的发展和更新，强调以人为本，注重学生的全面发展和个性发展，符合教育现代化的要求。

教育实践变革：五育融合推动教育实践的变革，通过多元化的教育模式和方法，适应现代社会对教育的多样化需求，提升教育的现代化水平。

三、五育融合在小学教育中的具体应用

1. 德育与智育的结合

课程内容整合：在道德与法治课程中融入科学知识，通过案例分析和问题讨论，使学生在学习知识的同时树立正确的道德观和价值观。

教学活动设计：设计具有道德教育意义的智育活动，如科学实验中的团队合作和伦理讨论，培养学生的科学素养和道德品质。

2. 体育与美育的结合

艺术与运动结合：在体育课中融入舞蹈、艺术体操等美育元素，通过运动和艺术的结合，增强学生的身体素质和审美能力。

健康与美育教育：在美术课中加入健康教育内容，如通过学习绘画和雕塑，培养学生的健康观念和审美能力。

3. 劳动教育与德育的结合

劳动实践活动：组织学生参与社区服务、校园清洁等劳动实践活动，通过实际劳动培养学生的劳动观念和责任感，同时进行德育教育。

劳动与社会责任：在劳动教育中融入社会责任教育，通过参与公益劳动和环保活动，使学生在劳动中感受社会责任，提升道德素养。

4. 综合实践活动

项目式学习：开展跨学科项目式学习活动，如科学与艺术结合的环保项目，让学生在综合实践中应用多学科知识，培养综合能力。

主题教育活动：组织多学科主题教育活动，如"绿色校园"主题活动，结合德育、智育、体育、美育和劳动教育，全面提升学生素质。

五育融合是现代教育发展的必然趋势，通过德智体美劳教育的有机结合，实现学生的全面发展。五育融合不仅提升了教育的质量和效果，还增强了学生的社会适应能力和终身学习能力，促进了教育公平和教育现代化。在小学教育中，通过具体的教学实践和创新，五育融合能够更好地培养学生的综合素质和能力，推动基础教育的改革和发展。

第二节 五育融合的理论基础

一、当前教育的局限性

当前有些学校的教育具有一定的局限性，学校教育在传递知识与价值的同时，又在一定程度上限制了学生的好奇心、想象力和创造力，主要体现在以下几个方面：

1. 教育评价体系的单一性

过度注重分数和升学率：当前的教育评价体系主要以学生的考试成绩和升学率作为衡量教育质量的标准。这种过度强调学术成绩的做法，使得学校和教师更加关注学生的学科知识，而忽视了其他方面的全面发展。

"五唯"现象：唯分数、唯升学、唯文凭、唯论文、唯帽子。这些现象导致教育评价标准过于单一，无法全面反映学生的综合素质，限制了教育的多样性和全面性。

2. 课程设置的局限性

偏重学科知识传授：许多学校的课程设置过于偏重传统学科的知识传授，忽视了对学生兴趣和创造力的培养。这种设置往往导致学生在课堂上被动接受知识，而没有足够的机会去探索和创新。

边缘化的艺术、体育和劳动课程：艺术、体育和劳动课程在不少学校中被边缘化，学生缺乏多样化的学习体验。这些课程对于培养学生的综合素质和创造力具有重要作用，但在现实中往往得不到应有的重视。

3. 教学方法的传统性

以教师为中心的教学方法：传统的教学方法主要以教师为中心，强调知识的灌输。这种方法虽然有效率，但却限制了学生的主动探究和创新能力的发展。

学生的被动学习状态：在这种教学环境中，学生往往成为被动的知识接受者，缺乏自主学习和思考的机会，导致他们的好奇心、想象力和创造力受到压制。

4. 应试教育的压力

外部压力驱动的学习动机：应试教育的压力使得学生的学习动机更多源于外部压力，而不是内在兴趣。这种压力不仅影响了学生的心理健康，还削弱了他们对学习的内在热情。

高强度学习压力：在高强度的学习压力下，学生缺乏时间和空间去探索自己的兴趣和创造力，这进一步限制了他们的全面发展。

二、基础教育的本质

基础教育的本质是培养身心和谐发展的人，具体包括以下几个方面：

1. 德育（善）

道德品质和价值观的培养：德育旨在培养学生的道德品质和价值观，使其具有良好的行为习惯和社会责任感。强调尊重他人、关爱社会、诚信守法等基本道德素质。

2. 智育（真）

系统学科知识的传授：智育关注传授系统的学科知识，培养学生的逻辑思维能力和问题解决能力。激发学生的好奇心和求知欲，鼓励他们探索和创新。

3. 体育（健）

身体健康和运动技能的促进：体育教育旨在促进学生的身体健康和运动技能发展，培养良好的生活习惯。强调体质锻炼和心理健康，培养坚强的意志和团队合作精神。

4. 美育（美）

审美能力和艺术素养的培养：美育关注培养学生的审美能力和艺术素养，丰富其精神生活。通过艺术教育，提升学生的创造力和审美情趣。

5. 劳动教育（富）

劳动观念和实践能力的培养：劳动教育旨在培养学生的劳动观念和实践能

力，使其具有一定的职业素养和动手能力。通过劳动教育，培养勤奋、踏实的工作态度和团队合作精神。

三、五育融合的基础

五育融合的理论基础涵盖多个学科的理论和实践。以下是对德育、智育、体育、美育和劳动教育的理论基础的详细探讨：

1. 德育（Moral Education）

（1）伦理学基础

伦理学理论：德育依托伦理学，研究什么是善、什么是道德，并探讨这些道德准则在现实生活中的应用。伦理学的基本问题包括善与恶、正义与不正义、道德义务与权利等，提供了德育的基本价值框架。

美德伦理：亚里士多德的美德伦理学认为，道德教育应关注个人品德的培养，如勇气、节制、公正等美德。通过培养这些美德，学生可以在生活中做出正确的道德选择。

（2）心理学基础

道德发展理论：科尔伯格的道德发展阶段理论提出，人的道德判断能力经历三个水平六个发展阶段，从前习俗水平、习俗水平到后习俗水平。德育应根据学生的道德发展阶段，采取适合的教育方法。

社会学习理论：班杜拉的社会学习理论强调，通过观察和模仿榜样，个体可以学习和内化道德行为。因此，德育应注重榜样的作用，提供积极的道德示范。

2. 智育（Intellectual Education）

（1）教育学基础

教育学理论：智育依托教育学，研究教育过程、方法和原理。教育学理论包括布鲁姆的教育目标分类学、杜威的经验教育理论等，这些理论为智育提供了系统的方法和策略。

建构主义：皮亚杰和维果斯基的建构主义理论强调，知识是学生主动构建的。教师应创造有利于学生探究和发现的学习环境，鼓励学生主动参与知识建构过程。

（2）**认知心理学基础**

认知发展理论：皮亚杰的认知发展阶段理论提出，儿童的认知发展经历感知运动、前运算、具体运算和形式运算四个阶段。智育应根据学生的认知发展水平，设计适合的教学内容和方法。

信息加工理论：该理论将学习过程视为信息的编码、存储和提取过程。通过理解信息加工的机制，智育可以设计有效的教学策略，促进知识的理解和记忆。

3. 体育（Physical Education）

（1）**运动生理学基础**

运动生理学理论：运动生理学研究人体在运动时的生理变化，如心肺功能、肌肉力量、代谢过程等。体育教育应根据这些生理变化，设计科学的运动计划，促进学生的身体健康。

运动康复：运动康复理论研究如何通过运动促进身体康复和健康。体育教育可以借鉴这一理论，帮助学生预防和恢复运动损伤，提高运动效果。

（2）**体育教育学基础**

体育教学理论：体育教育学研究体育教学的理论和方法，包括运动技能的学习与掌握、体育活动的组织与管理等。体育教学应注重学生的全面发展，包括身体素质、运动技能和心理素质的培养。

健康教育：健康教育理论强调通过教育提高学生的健康意识和健康行为。体育教育应结合健康教育，培养学生的健康生活方式和良好的生活习惯。

4. 美育（Aesthetic Education）

（1）**美学基础**

美学理论：美育依托美学，研究美的本质、形式和教育功能。美学理论包括康德的审美判断理论、黑格尔的艺术哲学等，这些理论为美育提供了丰富的思想资源。

审美体验：杜威的审美经验理论强调，艺术教育应注重审美体验的过程，使学生在艺术创作和欣赏中获得愉悦和满足。

（2）**艺术教育学基础**

艺术教学理论：艺术教育学研究艺术教学的内容和方法，包括音乐、美术、戏剧等艺术形式的教学。艺术教育应通过多样化的艺术活动，培养学生的艺术素养和创造力。

创造力发展：创造力理论研究如何激发和培养个体的创造力。美育应注重提供开放的、富有创意的学习环境，鼓励学生大胆尝试和创新。

5. 劳动教育（Labor Education）

（1）**马克思主义劳动理论基础**

马克思主义劳动理论：马克思主义认为，劳动是人类存在和发展的基础。劳动教育强调劳动的教育功能，通过劳动培养学生的责任感、团队合作精神和实际动手能力。

劳动价值论：马克思的劳动价值论认为，劳动是创造价值的源泉。劳动教育应帮助学生理解劳动的社会意义和个人价值，培养劳动观念和职业素养。

（2）**职业教育学基础**

职业教育理论：职业教育学研究职业教育的理论和实践，包括职业技能的培训、职业素养的培养等。劳动教育应结合职业教育，帮助学生掌握实际技能，提高就业能力。

实践学习理论：实践学习理论强调通过实际操作和实践活动进行学习。劳动教育应提供丰富的实践机会，使学生在实际劳动中学习和成长。

五育融合的理论基础涉及伦理学、心理学、教育学、运动生理学、美学和马克思主义劳动理论等多个学科。这些理论为五育融合提供了科学的依据和指导，帮助构建一个系统的、全面的教育体系，使学生在德、智、体、美、劳各方面得到均衡的发展。通过五育融合，可以实现培养身心和谐发展的人的目标，适应新时代对人才的全面需求。

四、五育融合的重要性

在信息技术和人工智能盛行的时代，五育融合显得尤为重要。我们需要培养的是具有全面素质和综合能力的人才，而不仅仅是知识的储存者。五育融合的教育理念可以帮助学生在以下方面平衡发展：

1. 全面发展

德、智、体、美、劳的全面培养，使学生成为德才兼备、身心健康、具有创新精神和实践能力的人。这样的教育模式能够培养出适应社会发展需求的综合型人才。

2. 适应未来

培养学生的综合素质，使其能够适应快速变化的社会和科技环境，具有终身学习和发展的能力。在信息技术和人工智能的时代，具备多方面能力的人才将更具竞争力和适应力。

3. 创新精神

通过多样化的教育方式，激发学生的好奇心、想象力和创造力，培养创新型人才。五育融合教育可以为学生提供多样化的学习体验，激发他们的创造力和创新潜能。

第三节 五育融合在小学教育中的应用

五育融合（德育、智育、体育、美育、劳动教育）在小学教育中的应用，是培养学生全面素质的重要策略。以下从五育的各个方面详细探讨其在小学教育中的具体应用方法。

一、德育在小学教育中的应用

1. 课堂教学中的德育渗透

课程内容：在各学科教学中融入道德教育内容。例如，语文课上通过古今中外经典文学作品，培养学生的爱国主义精神和人文素养；数学课上通过合作解决问题，培养学生的团队合作精神和诚信意识。

教师示范：教师以身作则，通过自身的言行举止，树立良好的道德榜样，潜移默化地影响学生。

2. 校园文化建设

校园环境：通过校园环境的布置，如设置道德教育宣传栏、展示优秀学生的道德行为等，营造浓厚的德育氛围。

主题活动：定期开展主题班会、道德讲堂、演讲比赛等活动，增强学生的道德意识和社会责任感。

3. 家校合作

家长参与：通过家长会、家长学校等形式，向家长传递德育理念，共同培养学生的道德品质。

社会实践：组织学生参与社区服务、公益活动等，培养学生的社会责任感和实践能力。

二、智育在小学教育中的应用

1. 课程改革与优化

多样化课程设置：设置丰富多样的课程，包括核心课程（语文、数学等）和拓展课程（科学、信息技术等），满足学生多方面的学习需求。

跨学科教学：通过跨学科的项目学习，培养学生的综合素质和创新能力。例如，结合科学和艺术，开展 STEM 教育（科学、技术、工程、数学）。

2. 教学方法创新

启发式教学：通过问题引导、探究学习等方式，激发学生的好奇心和求知欲，使学生在主动探索中获得知识。

个性化教学：根据学生的兴趣、能力和学习风格，提供个性化的学习支持，帮助每个学生充分发挥潜力。

3. 评价机制改进

多元化评价：除了传统的考试成绩，还应包括项目作业、课堂表现、综合素质评定等，全面评价学生的学习效果和综合素质。

过程性评价：注重学习过程中的进步和努力，激励学生持续进步。

三、体育在小学教育中的应用

1. 体育课程设计

科学规划：根据学生的年龄特点和身体发育规律，设计科学的体育课程，包括基本运动技能训练、体能训练和团队体育活动。

多样化体育项目：提供多种体育项目选择，如田径、球类、体操、游泳等，满足学生的兴趣和需求。

2. 体育活动与竞赛

日常体育活动：鼓励学生积极参加课间操、早操和课外体育活动，养成良好的运动习惯。

体育竞赛：定期举办校内体育比赛，如运动会、足球联赛等，激发学生的竞争意识和团队精神。

3. 健康教育

健康知识普及：通过健康教育课程和讲座，向学生传授基本的健康知识和生活技能，如饮食营养、个人卫生、安全防护等。

心理健康教育：设置心理健康辅导课程，帮助学生培养积极的心理品质和应对压力的能力。

四、美育在小学教育中的应用

1. 美术与音乐课程

系统课程：设置系统的美术和音乐课程，包括绘画、手工、音乐欣赏、声乐、器乐等，培养学生的艺术素养和审美能力。

实践活动：组织美术展览、音乐会、艺术节等活动，提供展示学生艺术才华的平台。

2. 校园艺术环境

艺术氛围营造：通过校园环境布置，如壁画、雕塑、艺术作品展示等，营造浓厚的艺术氛围，激发学生的审美兴趣。

艺术社团：成立各类艺术社团，如合唱团、舞蹈队、书法社等，丰富学生的课外艺术生活。

3. 跨学科艺术教育

艺术与学科融合：将艺术教育融入其他学科教学中，如通过历史课了解不同历史时期的艺术风格，通过科学课探索艺术创作中的科学原理。

五、劳动教育在小学教育中的应用

1. 劳动课程设置

基础劳动技能：开设劳动教育课程，教授基本的劳动技能，如整理内务、烹饪、种植等，培养学生的动手能力和劳动意识。

项目式学习：通过项目式学习，如种植园艺、手工制作等，让学生在实际劳动中学习和成长。

2. 劳动实践活动

校内实践：组织学生参与校内劳动实践，如校园清洁、绿化维护等，让学生体验劳动的乐趣和成就感。

校外实践：安排学生到农场、工厂等场所进行劳动体验，了解劳动的社会价值和意义。

3. 劳动精神培养

劳动教育与德育结合：将劳动教育与德育结合，强调劳动的道德价值，培养学生的责任感、奉献精神和团队合作意识。

劳动教育与职业启蒙：通过劳动教育，让学生初步了解不同职业的特点和要求，激发其职业兴趣和职业规划意识。

五育融合在小学教育中的应用，需要科学规划、系统实施和不断创新。通过在课程设置、教学方法、校园文化、家庭教育等方面的综合运用，能够培养学生德、智、体、美、劳全面发展的综合素质，真正实现教育的全面性和协调性，为学生的终身发展奠定坚实基础。

第四节 五育融合的国际经验借鉴

在全球教育领域，许多国家和地区已经在不同程度上实现了五育融合（德育、智育、体育、美育、劳动教育）的教育模式。以下是对这些国家和地区在五育融合方面的成功经验的详细探讨。

一、德育的国际经验

1. 日本

道德教育课程：日本在小学和中学阶段设有专门的道德教育课程。课程内容涵盖基本的生活礼仪、社会责任感和个人道德品质的培养。

社区参与：通过与社区的合作，学生定期参与社区服务和公益活动，增强社会责任感和公民意识。

2. 新加坡

品格与公民教育（CCE）：新加坡的CCE课程融合了道德教育和公民教育，涵盖个人品格、家庭责任和国家认同。课程通过情景模拟、角色扮演等互动方式进行，增强学生的道德判断和实际应用能力。

全员参与：学生、教师和家长共同参与道德教育，形成全方位的教育网络。

二、智育的国际经验

1. 芬兰

现象教学法：芬兰采用现象教学法，将学科知识与实际生活现象相结合，培养学生的综合素质和解决问题的能力。课程设置灵活，强调学生的自主学习和探究精神。

个性化教育：注重个性化教育，根据每个学生的兴趣和能力设计学习计划，充分发挥学生的潜力。

2. 加拿大

跨学科教育: 加拿大的教育系统注重跨学科的综合学习, 如STEAM教育(科学、技术、工程、艺术、数学), 培养学生的创造力和批判性思维能力。

项目式学习: 通过项目式学习, 学生在实际项目中应用学科知识, 增强学习的趣味性和实用性。

三、体育的国际经验

1. 美国

全面体育课程 : 美国学校提供多样化的体育课程和运动项目, 包括团队运动、个人运动和户外活动, 培养学生的身体素质和运动技能。

体育竞赛与活动: 学校定期举办校内和校际体育比赛, 激发学生的运动兴趣和团队精神。

2. 澳大利亚

体育与健康教育结合: 澳大利亚的体育教育与健康教育相结合, 通过体育活动和健康知识教育, 培养学生的健康生活习惯和心理素质。

户外教育: 重视户外教育, 组织学生进行远足、露营等户外活动, 增强学生的体质和团队合作精神。

四、美育的国际经验

1. 意大利

艺术教育体系: 意大利拥有完善的艺术教育体系, 从小学到高中都有系统的美术和音乐课程。课程内容丰富, 涵盖绘画、雕塑、音乐、戏剧等多个艺术门类。

艺术氛围营造: 注重校园和社会的艺术氛围营造, 通过博物馆、艺术展览和社区艺术活动, 让学生在浓厚的艺术氛围中成长。

2. 法国

文化与艺术教育：法国的教育系统非常重视文化与艺术教育，学校通过丰富的艺术课程和文化活动，培养学生的审美能力和文化素养。

艺术与日常生活结合：强调艺术教育与日常生活的结合，让学生在日常生活中体验和感受艺术的魅力。

五、劳动教育的国际经验

1. 德国

双元制职业教育：德国的双元制职业教育体系将学校教育与企业实践相结合，学生在学习理论知识的同时，参与实际工作，获得职业技能和实践经验。

劳动观念培养：通过劳动教育，培养学生的劳动观念和职业素养，使其具备良好的职业态度和工作习惯。

2. 瑞士

职业启蒙教育：瑞士在基础教育阶段就开始职业启蒙教育，通过职业体验、实习和企业参观等活动，让学生了解不同职业的特点和要求，帮助其进行职业规划。

劳动教育与社会服务结合：鼓励学生参与社会服务，通过劳动教育，培养学生的社会责任感和服务精神。

六、五育融合的综合实践

1. 新西兰

全面教育理念：新西兰强调全面教育理念，通过综合课程设置和多样化的教育活动，实现德、智、体、美、劳的全面融合。课程内容包括核心学科、艺术、体育和职业教育，注重学生的全面发展。

社区与学校合作：通过与社区和企业的合作，提供丰富的实践机会，让学生在实际生活和工作中学习和成长。

2. 日本

生活综合课程：日本的小学教育设有"生活综合课程"，将德育、智育、体育、美育和劳动教育有机结合，通过实践活动和项目学习，培养学生的综合素质。

教育活动多样化：通过多样化的教育活动，如社会考察、自然观察、艺术创作等，让学生在多种体验中获得全面发展。

五育融合的国际经验展示了不同国家和地区在德育、智育、体育、美育和劳动教育方面的成功做法。这些经验可以为我国教育改革提供有益的借鉴。在全球化和信息化的背景下，借鉴国际先进经验，结合本国实际，创新教育模式，推动五育融合的发展，是实现教育全面性和协调性的有效途径。通过五育融合的教育实践，培养德才兼备、身心健康、具有创新精神和实践能力的全面发展的人才，适应新时代的需求。

第五章 构建小学道德与法治跨学科教学机制

第一节 跨学科教学机制的设计原则

构建小学道德与法治跨学科教学机制是一项复杂的教育任务，要求系统地设计和实施。跨学科教学机制需要考虑小学生的认知特点、学习需求和社会发展要求，以实现道德教育与法治教育的有机融合。以下是针对小学生认知特点的跨学科教学机制设计原则。

一、符合小学生认知发展的原则

1. 阶段性与递进性

内容设计：根据小学生不同年级的认知发展阶段，设计适合的教学内容。低年级侧重基础知识的积累和简单道德行为的培养，高年级逐步引入复杂的法治概念和社会问题分析。

难度控制：教学内容的难度应循序渐进，由易到难，逐步提升学生的认知水平和思维能力。

2. 形象性与具体性

教学素材：选择形象生动、具体直观的教学素材，如故事、动画、图画和实例等，帮助学生理解抽象的道德和法治概念。

教学方法：运用角色扮演、模拟法庭、案例分析等具体的教学方法，使学生在具体情境中感受和理解道德与法治的意义。

3. 互动性与体验性

互动学习：设计多种互动学习活动，如小组讨论、课堂辩论和合作学习，增强学生的参与感和主动性。

体验学习：通过社会实践、参观法院、社区服务等体验活动，让学生在真实情境中体验和反思道德与法治的价值。

二、整合性与关联性的原则

1. 学科内容整合

道德与法治内容的融合：将道德教育与法治教育有机融合，形成一体化的课程内容。通过具体案例和故事，将道德行为和法治观念结合起来，帮助学生在实践中理解二者的关系。

与其他学科的整合：将道德与法治教育与语文、历史、社会等学科内容整合，利用这些学科的知识和方法，丰富和深化道德与法治教育的内容。例如，通过历史事件学习法治发展的过程，通过语文课文理解道德行为的意义。

2. 教学方法整合

多学科教学方法的结合：结合语文的阅读理解方法、历史的事件分析方法和社会学的调查研究方法，形成多维度的教学策略，提高教学效果。

跨学科项目学习：设计跨学科项目，如模拟法庭、社区调查等，让学生通过综合性的学习任务，运用多学科知识和技能解决实际问题。

三、实用性与生活化的原则

1. 贴近生活实际

生活化教学内容：选择贴近学生生活实际的教学内容，如校园规则、家庭礼仪、社区规范等，使学生能够在日常生活中理解和应用所学知识。

生活化教学情境：设计真实的生活情境，让学生在模拟的生活情境中进行角色扮演、情景对话和问题解决，增强学习的实用性。

2. 实践性与应用性

实践活动设计：鼓励学生参与各种实践活动，如社区服务、环保行动和法治宣传等，通过实际行动体验和践行道德与法治的要求。

应用性评价：在评价学生学习成果时，注重实际应用能力的考察，如通过案例分析、情景模拟和实际表现等多种方式，评价学生在实际生活中的道德与法治素养。

四、可持续发展与长效性的原则

1. 持续性学习

长期规划：制定长期的教学规划，确保道德与法治教育在整个小学阶段的持续推进。通过分阶段目标的设定和分年级内容的安排，确保学生能够系统、全面地接受道德与法治教育。

纵向衔接：保证小学道德与法治教育与初中、高中的教育内容有机衔接，形成一贯到底的教育体系，确保学生在不同阶段的学习能够无缝对接。

2. 反思性与改进性

教学反思：鼓励教师在教学过程中不断反思和改进教学方法，结合学生的反馈和学习效果，调整和优化教学策略。

持续改进：建立定期评价机制，通过教学评估、学生反馈和专家指导，不断改进和完善跨学科教学机制，确保教学质量的持续提升。

构建小学道德与法治跨学科教学机制是一项系统性工程，既需要科学的设计原则，也需要具体的实施策略。通过遵循以上设计原则，可以有效整合道德教育与法治教育内容，促进学生综合素质的全面发展，为培养具有道德品质和法治观念的新时代公民奠定坚实基础。

第二节 跨学科教学团队的组建与管理

跨学科教学团队的组建与管理对于小学道德与法治教育至关重要。通过有效的团队组建和科学的管理，可以确保跨学科教学的顺利实施，提高教学质量，促进学生综合素质的全面发展。以下是针对小学道德与法治教育跨学科教学团队的组建与管理的详细内容。

一、跨学科教学团队的组建

1.确定团队成员

（1）学科教师

道德与法治教师：主要负责道德与法治课程的教学内容设计和实施，确保课程的专业性和系统性。

语文教师：通过课文阅读、作文训练等方式，帮助学生理解和表达道德与法治的相关内容。

社会教师：通过社会学的视角，帮助学生理解社会规范和法律制度的背景和作用。

（2）专家顾问

教育学专家：提供跨学科教学的理论支持和方法指导，确保教学设计的科学性和有效性。

法学专家：提供专业的法治知识支持，确保法治教育的准确性和权威性。

心理学专家：帮助团队理解小学生的心理特点，设计符合其认知发展的教学活动。

（3）技术支持人员

教育技术专家：负责教学资源的开发和技术支持，如多媒体课件制作、在线学习平台建设等。

图书馆管理员：负责教学资料的整理和提供，确保教学资源的丰富性和可获取性。

（4）**行政支持人员**

教务管理人员：负责协调教学安排、组织活动和处理行政事务，确保教学工作的顺利进行。

家校联络员：负责与家长的沟通和合作，推动家校共育，增强教育效果。

2. 确定团队结构

（1）**核心团队**

由道德与法治教师、语文教师和社会教师组成，负责教学内容的设计和实施，是教学活动的主要执行者。

（2）**顾问团队**

由教育学专家、法学专家和心理学专家组成，提供专业咨询和指导，确保教学设计的科学性和有效性。

（3）**支持团队**

由技术支持人员和行政支持人员组成，提供资源、技术和行政支持，确保教学活动的顺利进行。

二、跨学科教学团队的管理

1. 团队合作机制

（1）**定期会议**

全体会议：定期召开全体会议，讨论教学计划、分享教学经验和解决教学问题，确保团队成员的沟通与协作。

小组会议：根据具体任务和项目，召开小组会议，深入讨论和解决具体问题，提高工作效率。

（2）工作分工

明确职责：根据团队成员的专业背景和工作特点，明确各自的职责和任务，确保工作有条不紊。

协同合作：强调团队成员之间的协同合作，鼓励跨学科教师之间的互相学习和支持，形成合力。

（3）信息共享

资源共享平台：建立资源共享平台，方便团队成员共享教学资源、案例分析和研究成果，促进知识共享和共同进步。

沟通渠道：建立多种沟通渠道，如电子邮件、微信群、教学论坛等，方便团队成员及时交流和反馈信息。

2. 教学计划与实施

（1）教学计划制定

年度计划：制定年度教学计划，明确教学目标、教学内容和时间安排，确保教学工作有序进行。

单元计划：根据年度计划，制定具体的单元教学计划，详细描述每个单元的教学目标、内容、方法和评价标准。

（2）教学活动设计

跨学科项目设计：设计跨学科项目，如模拟法庭、社区调查等，促进学生综合素质的发展。

教学活动组织：组织多样化的教学活动，如角色扮演、情景模拟和小组讨论等，增强学生的参与感和互动性。

（3）教学资源开发

多媒体资源：开发多媒体教学资源，如课件、视频和动画等，丰富教学内容，提高教学效果。

实践资源：利用校内外资源，组织学生进行社会实践、参观访问等，增强学生的实践能力和社会责任感。

3.教学评价与反馈

（1）多元评价

过程性评价：注重教学过程中的评价，通过课堂观察、学习记录和小组讨论等方式，了解学生的学习情况和进步。

综合评价：在教学单元结束时，进行综合评价，如测验、项目报告和学生作品展示等，评估学生的学习效果。

（2）反馈机制

学生反馈：通过问卷调查、座谈会和个别访谈等方式，收集学生的学习反馈，了解他们的需求和问题。

教师反馈：定期组织教师反思教学活动，总结经验和教训，提出改进意见和建议。

（3）改进措施

教学改进：根据评价结果和反馈信息，及时调整和优化教学计划和方法，提高教学质量。

专业发展：为教师提供持续的专业发展机会，如培训、进修和学术交流，提升教师的专业素养和教学能力。

三、跨学科教学团队的支持与保障

1.学校支持

（1）政策支持

教学政策：制定支持跨学科教学的政策，如奖励机制、资源配置和课程设置等，激励教师参与跨学科教学。

经费支持：提供必要的经费支持，用于教学资源开发、教师培训和教学活动组织等，确保跨学科教学的顺利进行。

（2）行政支持

教学管理：建立专门的跨学科教学管理机构，负责统筹协调跨学科教学工作，确保各项工作有序开展。

后勤保障：提供必要的后勤保障，如场地、设备和资料等，满足跨学科教学的需求。

2. 家长与社会支持

（1）家校合作

家长参与：通过家长会、开放课堂和家庭作业等形式，鼓励家长参与到跨学科教学中，形成家校共育的合力。

家长教育：为家长提供相关教育培训，帮助他们理解和支持跨学科教学，提高家庭教育的质量。

（2）社会资源利用

校外资源：利用校外资源，如社区、博物馆、法院等，组织学生进行社会实践和参观访问，丰富教学内容。

社会支持：与社会各界建立合作关系，争取社会各界的支持和帮助，如志愿者服务、赞助和合作项目等，增强跨学科教学的效果。

跨学科教学团队的组建与管理是小学道德与法治教育的重要保障。通过科学的团队组建和有效的管理，可以确保跨学科教学的顺利实施，提高教学质量，促进学生综合素质的全面发展。学校、家长和社会各界的支持与合作，是跨学科教学团队成功的关键。通过共同努力，培养具有道德品质和法治观念的新时代公民。

第三节 跨学科课程的开发与整合

　　跨学科课程的开发与整合对于小学道德与法治教育至关重要。五育并举（德、智、体、美、劳）的教育理念强调学生全面发展的重要性。在开发和整合小学道德与法治跨学科课程时，必须将五育结合起来，确保课程内容和教学方法的全面性和系统性。以下是针对小学道德与法治教育的跨学科课程开发与整合的详细内容。

一、课程开发的原则

1. 整合性原则

　　多学科融合：将道德与法治教育与语文、社会、体育、艺术和劳动等学科内容有机融合，形成综合性的课程体系。

　　内容关联：确保各学科内容在主题、知识点和技能上的相互关联，避免内容重复和割裂。

2. 实践性原则

　　生活化内容：选择贴近学生生活实际的教学内容，使学生能够在日常生活中理解和应用所学知识。

　　体验式学习：通过实践活动、项目学习等方式，让学生在真实情境中体验和反思所学内容。

3. 渐进性原则

　　阶段性设计：根据小学生不同年级的认知发展阶段，设计适合的教学内容和活动，确保教学内容的层次性和递进性。

　　难度控制：教学内容和活动的难度应循序渐进，由浅入深，逐步提升学生的认知水平和能力。

4. 多元评价原则

多样化评价：采用多种评价方式，如过程性评价、终结性评价、自我评价和他人评价，全面评估学生的学习效果。

重视反馈：通过评价结果反馈和分析，及时调整和优化教学内容和方法，提高教学质量。

二、课程内容的设计

1. 德育内容设计

道德行为规范：通过具体案例和故事，教授学生基本的道德行为规范，如尊敬师长、友爱同学、诚实守信等。

道德情感培养：设计情感教育活动，如班会、情景剧和角色扮演，培养学生的同情心、责任感和集体荣誉感。

2. 智育内容设计

法律知识：教授基本的法律常识，如宪法、未成年人保护法等，帮助学生了解法律的基本概念和作用。

法律思维：通过案例分析、模拟法庭等活动，培养学生的法律思维和分析问题的能力。

3. 体育内容设计

规则意识：通过体育活动和游戏，教授学生遵守规则、尊重对手、合作共赢等道德和法治观念。

体能锻炼：结合体育课，设计户外活动和体育比赛，增强学生的身体素质和团队合作精神。

4. 美育内容设计

艺术表现：通过绘画、音乐、舞蹈、戏剧等艺术活动，表达道德和法治的主题，培养学生的审美情趣和创造力。

艺术鉴赏：组织学生欣赏经典的道德与法治题材的艺术作品，如电影、戏剧和文学作品，增强学生的文化素养和审美能力。

5. 劳动教育内容设计

劳动体验：设计劳动实践活动，如社区服务、校园劳动和家庭劳动，培养学生的劳动意识和劳动能力。

劳动精神：通过劳动教育，培养学生吃苦耐劳、勤俭节约、团结合作的精神。

三、课程实施的策略

1. 跨学科项目学习

主题项目：设计以道德与法治为主题的跨学科项目，如"模拟法庭""社区调查"等，让学生在项目中综合运用多学科知识和技能。

合作学习：采用小组合作学习的方式，鼓励学生在团队中互相学习、共同完成任务，培养合作精神和团队意识。

2. 课堂教学整合

课内融合：在语文、社会等学科课堂中，渗透道德与法治教育内容，实现课程内容的有机整合。

活动设计：在体育、美术和劳动课中，设计和道德与法治教育相关的活动，增强学生的实践体验。

3. 校外实践活动

社会实践：组织学生参观法院、警察局、社区服务中心等，增强学生对法治社会的理解和认识。

家庭活动：与家长合作，设计家庭道德与法治教育活动，如家庭讨论、亲子阅读等，促进家校共育。

4. 信息化教学手段

在线课程：开发道德与法治在线课程资源，如微课、视频课件等，拓展学生的学习渠道和方式。

数字资源：利用数字图书馆、在线案例库等资源，为学生提供丰富的学习资料和实践案例。

四、课程评价与反馈

1. 多元评价体系

过程性评价：通过课堂观察、学习记录和小组讨论等方式，评价学生的学习过程和进步。

终结性评价：通过测验、项目报告、学生作品展示等方式，评价学生的学习成果和表现。

2. 学生自我评价

反思日志：鼓励学生撰写学习反思日志，总结自己的学习经验和体会，培养自我反思和自我改进的能力。

自我评分：设计自我评分表，让学生对自己的学习情况进行自我评价，提高学生的自我认知和自我管理能力。

3. 教师评价与反馈

教学反思：教师定期进行教学反思，总结教学经验和教训，提出改进措施和建议。

同伴互评：组织教师之间的互评活动，交流教学经验，互相学习和借鉴，提升教学质量。

构建小学道德与法治跨学科课程的开发与整合，需要科学的设计原则和详细的实施策略。通过整合德、智、体、美、劳五育内容，形成系统、全面的课程体系，可以有效促进学生的全面发展，培养具有道德品质和法治观念的新时代公民。通过科学的课程实施和多元的评价反馈，确保课程的有效性和持续改进，为学生的健康成长提供坚实保障。

第四节 跨学科教学资源的整合与共享

跨学科教学资源的整合与共享是实现高效跨学科教学的重要环节。这一过程需要系统性的方法和策略，以确保教学资源的优化配置和最大化利用。以下是详细的步骤和专业方法。

一、跨学科教学资源整合

1. 资源分类与整理

跨学科教学资源种类繁多，包括教材、学术论文、实验设备、数字资源等。首先需要对这些资源进行分类和整理，以便于后续的整合和共享。分类可以按照资源类型、学科领域、使用目的等进行，整理则包括资源的收集、筛选、编目和存储。

2. 建立资源数据库

建立一个统一的跨学科教学资源数据库，有助于资源的整合和管理。数据库应包括各类资源的详细信息，如名称、类型、内容简介、使用说明和来源等。数据库的建设应考虑数据的规范性、完整性和可扩展性。

3. 确定核心资源

在众多资源中，确定一批核心资源，这些资源应具有高质量、广泛适用性和良好的教育效果。核心资源可以包括经典教材、权威学术论文、示范性实验设备和高质量的数字化教学资源等。核心资源的确定可以通过专家评审、教师推荐和学生反馈等方式进行。

4. 资源整合策略

资源整合策略包括以下几个方面：

主题整合：根据跨学科课程的主题，将相关资源进行整合。比如，以"环境保护"为主题，可以整合生物、地理、化学和社会学等学科的资源。

问题导向整合：围绕具体的教学问题或项目，将不同学科的资源整合在一起。比如，以"城市交通拥堵解决方案"为主题，整合交通工程、城市规划、计算机科学和社会学的资源。

模块化整合：将资源按功能模块进行整合，形成一系列可重复利用的教学单元。每个模块包含相关的教学材料、实验设备和数字资源，方便教师灵活使用。

二、跨学科教学资源共享

1. 建立共享平台

跨学科教学资源共享需要一个高效的共享平台。平台应具有以下功能：

资源上传与下载：方便教师和学生可以上传和下载资源。

资源搜索与检索：提供强大的搜索和检索功能，支持多条件查询。

资源评价与反馈：用户可以对资源进行评价和反馈，帮助其他用户选择优质资源。

资源更新与维护：定期更新和维护资源，确保资源的时效性和可用性。

2. 制定共享规则

共享规则是资源共享的基础，规则应明确资源的使用权限、共享流程和知识产权保护等内容。具体规则包括：

资源使用权限：明确资源的使用范围和条件，如公开资源、授权资源和保密资源等。

资源共享流程：规范资源的上传、审核、发布和更新流程，确保资源的质量和合法性。

知识产权保护：保护资源提供者的知识产权，防止资源的非法使用和传播。

3. 鼓励资源贡献

资源共享离不开教师和学生的积极贡献。学校应建立激励机制，鼓励教师和学生分享优质资源。激励措施包括：

资源贡献奖励：对贡献优质资源的教师和学生给予奖励，如学术奖励、教学积分和荣誉称号等。

资源贡献评比：定期举办资源贡献评比活动，评选出优秀的资源贡献者，给予表彰和奖励。

资源使用反馈：通过资源使用反馈，肯定资源贡献者的工作，增强其成就感和责任感。

4. 加强培训与指导

为了提高教师和学生对跨学科教学资源的利用水平，学校应提供系统的培训与指导。培训内容包括：

资源管理培训：指导教师和学生如何分类、整理、上传和下载资源。

资源使用培训：帮助教师和学生掌握资源的使用方法，提高资源利用效率。

技术支持培训：提供技术支持，解决教师和学生在资源使用过程中遇到的技术问题。

三、跨学科教学资源整合与共享的未来发展

1. 智能化资源管理

未来的跨学科教学资源整合与共享将更加智能化。利用大数据和人工智能技术，可以实现资源的自动分类、智能推荐和精准检索，提升资源管理和使用的效率。

2. 虚拟现实与增强现实

虚拟现实（VR）和增强现实（AR）技术的应用，将为跨学科教学资源共享提供新的可能。通过 VR 和 AR 技术，学生可以身临其境地体验跨学科知识的实际应用，增强学习的互动性和沉浸感。

3. 全球化资源共享

跨学科教学资源的共享将突破地域限制，走向全球化。通过国际教育合作

和资源共享平台，世界各地的教师和学生可以共享优质的跨学科教学资源，促进全球教育资源的平等和开放。

跨学科教学资源的整合与共享是实现高质量跨学科教学的重要保障。通过系统的资源整合和高效的资源共享，能够优化资源配置，提升教学质量，促进学生的综合能力和创新精神的培养。未来的发展将更加智能化、虚拟化和全球化，为跨学科教学提供更加丰富和多样的资源支持。

第六章 小学道德与法治教学中的跨学科融合

第一节 小学道德与法治课程的跨学科整合策略

　　小学道德与法治课程的跨学科整合策略旨在通过整合不同学科的教学内容与方法，提升学生的综合素质，促进其全面发展。以下是针对小学道德与法治课程的跨学科整合策略的详细介绍。

一、整合策略的总体框架

　　1. 跨学科整合的目标

　　全面发展：培养学生的道德素质、法治观念和综合能力，促进其德、智、体、美、劳全面发展。

　　实践应用：通过跨学科整合，使学生能够在实际生活中应用所学知识和技能，提升解决问题的能力。

　　创新思维：培养学生的跨学科思维能力，激发其创新精神和创造力。

　　2. 整合的基本原则

　　关联性：注重学科间内容的内在关联性，避免教学内容的割裂和重复。

　　实用性：选择贴近学生生活实际的内容，使学生能够在现实生活中理解和应用。

　　渐进性：根据学生的认知发展水平，设计循序渐进的教学内容和活动。

二、具体整合策略

1. 内容整合

（1）德育与智育的整合

主题教学：以道德与法治为核心，设计跨学科主题教学活动，如"诚信与法律""尊重与规则"等，通过语文、社会、科学等学科的内容，深化学生对主题的理解。

案例分析：通过分析经典文学作品、历史事件和法律案例，引导学生理解道德和法治的内涵，培养他们的批判性思维和判断能力。

（2）德育与体育的整合

体育活动中的道德教育：在体育课和体育活动中，注重培养学生的规则意识、合作精神和公平竞争意识，如在团队游戏中强调合作与尊重。

健康教育：结合道德与法治课程，开展健康教育，教授学生健康生活方式、卫生习惯和自我保护知识。

（3）德育与美育的整合

艺术作品鉴赏：通过鉴赏道德与法治题材的艺术作品，如绘画、音乐和电影，培养学生的审美情趣和道德情感。

艺术创作：鼓励学生创作和道德与法治相关的艺术作品，如绘画、手工和表演，表达他们对道德和法治的理解。

（4）德育与劳动教育的整合

劳动实践活动：组织学生参加社区服务、校园劳动和家庭劳动，培养他们的劳动意识和社会责任感。

劳动精神教育：通过道德与法治课程，教育学生勤俭节约、吃苦耐劳和团结合作的精神。

2. 教学方法整合

（1）项目学习法

跨学科项目设计：设计以道德与法治为主题的跨学科项目，如"社区调查""模拟法庭"等，学生在项目中综合运用多学科知识和技能，解决实际问题。

合作学习：采用小组合作学习的方式，鼓励学生在团队中互相学习、共同完成任务，培养合作精神和团队意识。

（2）**情景教学法**

角色扮演：通过角色扮演活动，让学生在模拟的情景中体验和理解道德与法治的概念，如模拟法庭、社区矛盾调解等。

情景剧：编排、表演和道德与法治相关的情景剧，让学生通过表演深刻理解和内化道德和法治观念。

（3）**探究学习法**

问题导向学习：通过提出和道德与法治相关的问题，引导学生进行探究学习，如探讨"如何做一个诚实守信的人""什么是公正"等问题。

自主探究：鼓励学生自主选择感兴趣的道德与法治主题，进行资料搜集、调查研究和成果展示，培养他们的自主学习能力和研究能力。

3. 评价方式整合

（1）**多元评价体系**

过程性评价：通过课堂观察、学习记录和小组讨论等方式，评价学生的学习过程和进步，注重评价学生的参与度和成长性。

终结性评价：通过测验、项目报告、学生作品展示等方式，评价学生的学习成果和表现，注重评价学生的综合能力和实际应用能力。

（2）**学生自我评价**

反思日志：鼓励学生撰写学习反思日志，总结自己的学习经验和体会，培养自我反思和自我改进的能力。

自我评分：设计自我评分表，让学生对自己的学习情况进行自我评价，提高学生的自我认知和自我管理能力。

（3）教师评价与反馈

教学反思：教师定期进行教学反思，总结教学经验和教训，提出改进措施和建议，提高教学质量。

同伴互评：组织教师之间的互评活动，交流教学经验，互相学习和借鉴，提升教学能力。

三、教学资源整合

1. 校内资源整合

图书馆资源：利用校内图书馆资源，为学生提供丰富的道德与法治相关书籍、期刊和数字资源，支持跨学科学习。

实验室和活动室：充分利用学校的实验室和活动室，开展跨学科实验和活动，如模拟法庭、艺术创作等。

2. 校外资源整合

社区资源：利用社区资源，组织学生参加社区服务、参观访问等活动，增强学生的社会实践能力和社会责任感。

专业机构资源：与法院、公安局、博物馆等单位合作，开展法治教育、参观实践等活动，提升学生的实际体验和认知。

3. 信息化资源整合

在线学习平台：建立和利用在线学习平台，提供丰富的道德与法治课程资源，如微课、视频课件、案例库等，拓展学生的学习渠道和方式。

数字图书馆：利用数字图书馆资源，为学生提供便捷的资料查询和学习支持，促进自主学习和探究学习。

小学道德与法治课程的跨学科整合策略，通过整合不同学科的教学内容与方法，提升学生的综合素质，促进其全面发展。在实施过程中，需要注重内容的关联性、教学方法的多样性和评价方式的多元性，同时充分利用校内外资源和信息化手段，为学生提供丰富的学习体验和支持。通过科学的整合策略，能够有效提升道德与法治课程的教学效果，培养具有良好道德品质和法治观念的新时代小学生。

第二节 跨学科项目在道德与法治教学中的应用

跨学科项目在小学道德与法治教学中的应用，可以通过综合不同学科的知识和方法，提升学生对道德与法治概念的理解和实践能力。以下是针对小学生的跨学科项目在道德与法治教学中的详细应用策略，分为三个层次进行阐述。

一、跨学科项目设计的基础层次

1. 明确项目目标

跨学科项目的目标是通过综合多个学科的知识，帮助学生理解和应用道德与法治的核心概念，培养其道德品质和法治意识。具体目标包括：

知识目标：了解基本的道德和法律知识。

技能目标：培养学生的思考能力、合作能力和解决问题的能力。

态度目标：树立正确的价值观和法治观念，培养责任感和社会参与意识。

2. 确定项目主题

选择与学生生活密切相关的主题，使学生能够在实际情境中应用所学知识。常见的主题包括：

社区服务：培养学生的社会责任感和公民意识。

模拟法庭：增强学生的法律意识和规则意识。

环保行动：培养学生的环保意识和责任感。

3. 设计项目活动

根据项目主题设计具体的活动内容，确保活动具有教育意义和可操作性。例如：

社区服务项目：组织学生进行社区调研、设计服务计划、实施服务活动并进行总结反思。

模拟法庭项目：通过角色扮演，让学生体验法庭审判过程，理解法律的作用。

环保行动项目：开展环境调查、设计环保行动、实施环保活动并展示成果。

二、跨学科项目实施的中间层次

1. 项目导入

在项目实施前，通过多种方式引导学生进入项目主题，提高学生的参与兴趣和动机。例如：

主题讨论：组织学生讨论与项目主题相关的问题，引导学生思考和表达自己的观点。

案例分享：通过分享相关的案例和故事，激发学生的兴趣和参与热情。

视频播放：播放与项目主题相关的视频，帮助学生直观理解项目内容。

2. 项目实施

在项目实施过程中，教师要提供必要的指导和支持，确保项目顺利进行。具体步骤包括：

任务分配：根据学生的兴趣和特长，将学生分成小组，分配不同的任务，鼓励合作学习。

实践活动：组织学生进行实地调研、角色扮演、环境保护等实践活动，让学生在实际操作中体验和内化道德与法治观念。

记录过程：指导学生通过照片、视频、日记等方式记录项目实施过程，积累丰富的学习资料。

3. 项目总结

在项目结束后，通过多种方式进行总结和评价，帮助学生反思和提升。例如：

成果展示：组织学生展示项目成果，如服务报告、模拟法庭视频、环保行动照片等。

反思交流：开展小组交流和讨论活动，让学生分享项目经验和心得体会。

教师评价：教师对学生的表现进行评价，提出改进建议，帮助学生进一步提升。

三、跨学科项目评价与反馈的高级层次

1. 多元评价

采用多元评价方式，全面评估学生在项目中的表现和收获。例如：

过程性评价：通过课堂观察、学习记录、学生互评等方式，评价学生在项目中的参与度和进步情况。

成果性评价：通过项目成果展示、项目报告、学生作品等方式，评价学生的学习效果和实践能力。

反思性评价：通过学生的反思日志、总结报告等，评价学生的自我反思和自我提升能力。

2. 及时反馈

教师应及时对学生的表现进行反馈，帮助学生了解自己的优点和不足，提出改进建议。例如：

个别指导：针对每个学生的具体表现，提供个别化的指导和建议，帮助学生克服困难，提升能力。

小组反馈：针对小组合作情况，提供小组层面的反馈，帮助学生改善合作策略，提升团队效率。

公开表扬：对表现优秀的学生和小组进行公开表扬，树立榜样，激发其他学生的学习热情。

3. 持续改进

通过不断反思和改进，提升跨学科项目的教学效果。例如：

教学反思：教师定期进行教学反思，总结经验和教训，提出改进措施。

学生建议：收集学生的意见和建议，了解学生的需求和期待，调整项目设计和实施策略。

持续改进：根据反思和建议，不断优化跨学科项目的设计和实施，提高项目的教育效果。

四、案例分析

案例：社区服务项目

【项目主题】社区服务与公民责任

【相关学科】道德与法治、社会、语文、艺术

【具体实施步骤】

1. 项目导入

主题讨论：通过讨论"什么是社区服务""为什么要进行社区服务"等问题，引导学生思考公民责任和社会贡献。

案例分享：分享优秀社区服务的案例，激发学生的参与兴趣。

2. 项目实施

社区调研：组织学生分组对社区进行实地调研，了解社区的基本情况和存在的问题。

服务计划：根据调研结果，设计社区服务计划，如清洁社区环境、关爱老人、宣传环保知识等。

实施服务：学生按照计划进行社区服务活动，并记录服务过程和体会。

3. 项目总结

成果展示：学生通过绘画、照片、视频等方式展示社区服务成果，分享服务经验。

反思交流：组织学生交流服务心得，讨论如何进一步发挥公民责任和社会贡献。

4. 评价方式

过程评价：观察学生在社区服务中的参与度和表现，记录其行为和态度变化。

成果评价：通过服务成果展示和服务报告评估学生的学习效果和实践能力。

通过跨学科项目在小学道德与法治教学中的应用，可以有效促进学生对道德与法治概念的理解和实际运用，提升其综合素质和实践能力。通过科学的设计、多样的实施和全面的评价，可以为学生提供丰富的学习体验，培养其道德品质、法律意识和社会责任感。

第三节 实践活动在跨学科教学中的作用

一、概述

在小学教育中，跨学科教学是一种有效的教学策略，通过将不同学科的知识和技能有机地结合起来，使学生在更广泛的背景下理解和应用所学内容。实践活动在跨学科教学中扮演着至关重要的角色。它不仅能增强学生的理解力和记忆力，还能培养学生的综合素质，促进其全面发展。

二、实践活动在跨学科教学中的具体作用

1. 增强学生的理解力和记忆力

理论与实践相结合：通过实践活动，学生可以将书本知识应用到实际情境中，进一步加深对知识的理解。例如，学习植物生长过程时，学生通过种植植物可以直观地观察和记录植物的变化，从而更深刻地理解植物的生长规律。

多感官参与：实践活动调动了学生的视觉、听觉、触觉等多种感官，增强了学习的直观性和趣味性。例如，科学课上进行实验操作，学生通过亲自动手实验，更容易记住实验步骤和结果。

2. 培养学生的综合素质

合作能力：很多实践活动需要学生分组合作，共同完成任务。这种合作不仅能培养学生的团队精神，还能提高其沟通能力和协作能力。例如，在一个科学项目中，学生需要分工合作，分别负责资料收集、实验操作、数据分析等。

解决问题能力：实践活动往往涉及复杂的实际问题，要求学生运用所学知识和技能，独立或合作解决问题。例如，环保项目要求学生调查社区的环保状况，提出改进建议，并付诸实践。

创新能力：实践活动提供了自由探索的空间，鼓励学生提出新颖的想法和

解决方案。例如，在艺术与科学结合的项目中，学生可以利用废旧材料制作艺术品，既锻炼了创造力，又增强了环保意识。

3. 促进学生的全面发展

道德品质的培养：很多实践活动如社区服务、环保行动等，能够培养学生的社会责任感和公民意识。例如，学生通过参与社区清洁活动，认识到环境保护的重要性，增强了社会责任感。

情感态度的提升：实践活动可以增强学生的自信心和成就感。例如，学生在科技展览中展示自己的作品，并得到同学和老师的认可，会极大地提升其自信心和学习兴趣。

社会技能的提升：实践活动为学生提供了与外界互动的机会，提升了其社会交往能力和社会适应能力。例如，参观博物馆、访问社区老人等活动，可以培养学生的社交技能和同理心。

4. 促进不同学科知识的融合

多学科知识的综合运用：实践活动需要学生综合运用不同学科的知识和技能，促进了学科间的知识融合。例如，制作风筝的活动不仅涉及数学中的几何知识，还涉及科学中的空气动力学原理，以及艺术中的设计和美学。

思维方式的拓展：实践活动鼓励学生从不同学科的角度思考问题，培养了其跨学科的思维方式。例如，在一个关于"水的循环"的项目中，学生不仅要了解地理学的水循环知识，还要结合科学实验进行验证，并通过艺术创作展示水循环过程。

5. 提供真实的学习情境

接触真实世界：实践活动把学生带出课堂，接触真实的世界，增强了学习的现实感和实践性。例如，参观农业园区让学生亲身体验农业生产过程，了解现代农业技术和环境保护措施。

解决实际问题：实践活动中，学生面对的是真实的问题和挑战，培养了其解决实际问题的能力。例如，设计一个节能环保的家居方案，要求学生综合考虑经济、技术和美学等多方面因素。

三、实践活动在跨学科教学中的实施策略

1. 设计丰富多样的实践活动

根据学科特点设计：根据不同学科的特点，设计符合学生认知水平和兴趣的实践活动。例如，科学课上的实验操作、语文课上的情景剧表演、数学课上的实际测量等。

结合生活实际设计：选取贴近学生生活实际的内容，使学生能够在真实情境中应用所学知识。例如，结合社区调查、家庭作业、户外活动等，设计实践活动。

2. 提供必要的资源和支持

资源准备：提供必要的实验器材、工具材料和活动场地，确保实践活动的顺利进行。例如，科学实验需要提供实验仪器和药品，艺术创作需要提供绘画工具和材料。

教师指导：教师在实践活动中提供指导和支持，帮助学生解决遇到的问题。例如，科学实验中，教师指导学生操作实验仪器，确保实验的安全和准确。

3. 注重过程评价和反思

过程评价：注重对学生在实践活动中的表现和进步情况进行评价，给予及时反馈和表扬。例如，记录学生在实验操作中的细致程度和合作态度，给予鼓励和指导。

反思总结：鼓励学生在实践活动后进行反思和总结，交流心得体会，提升自我认识和改进能力。例如，让学生撰写实验报告，总结实验过程中的经验和教训，提出改进建议。

四、案例分析

案例：校园植物观察项目

【项目主题】观察和记录校园内不同植物的生长变化，了解植物的生长规律和环境因素的影响。

【相关学科】科学、语文、数学、艺术

【具体实施步骤】

1. 项目导入

主题讨论：讨论"植物如何生长""哪些因素影响植物的生长"等问题，激发学生的兴趣。

案例分享：分享一些植物生长的有趣故事和科学知识。

2. 项目实施

植物选择：学生分组选择不同种类的植物，如树木、花卉、草本植物等。

观察记录：定期观察和记录植物的生长变化，绘制植物生长日记，拍摄照片，进行测量和数据记录。

环境调查：调查植物生长环境的条件，如光照、水分、土壤等，分析其对植物生长的影响。

3. 项目总结

成果展示：展示植物生长日记、照片、绘画作品等，分享观察记录和数据分析结果。

反思交流：组织学生交流观察心得和体会，讨论如何进一步保护和照顾植物。

4. 评价方式

过程评价：记录学生在观察记录中的表现，给予及时反馈和表扬。

成果评价：通过植物生长日记、数据记录和绘画作品等，评估学生的观察能力和数据分析能力。

　　实践活动在跨学科教学中发挥着不可替代的作用，通过理论与实践相结合、多感官参与、培养学生的综合素质、促进不同学科知识的融合和提供真实的学习情境，实践活动不仅能增强学生的理解力和记忆力，还能促进其全面发展。通过科学的设计、多样的实施和全面的评价，可以为学生提供丰富的学习体验，培养其道德品质、法律意识和社会责任感。

第四节 案例教学与跨学科融合

案例教学法是一种通过具体案例的分析与讨论来实现教学目标的教育方法。它强调学生在真实或模拟情境中的学习，通过案例的学习与分析，培养学生的实际应用能力和综合素质。跨学科融合则是将多个学科的知识和方法有机结合起来，使学生能够在更广泛的背景下理解和应用所学内容。在小学教育中，案例教学与跨学科融合的结合能够更好地满足学生的认知特点和学习需求。

一、案例教学的特点与优势

1. 具体性与真实性：案例教学通过具体的案例，使抽象的知识变得具体化和现实化，便于学生理解和掌握。

2. 互动性与参与性：案例教学强调学生的主动参与，通过讨论、辩论等形式，提高学生的思考能力和表达能力。

3. 综合性与实践性：案例教学鼓励学生综合运用多学科的知识解决实际问题，提高其综合素质和实践能力。

二、跨学科融合的意义

1. 知识整合：通过跨学科融合，学生可以将不同学科的知识有机结合，形成系统的知识体系。

2. 思维拓展：跨学科融合鼓励学生从不同学科的角度思考问题，培养其跨学科的思维方式。

3. 综合素质培养：跨学科融合注重知识的综合运用和实际应用，培养学生的综合素质和创新能力。

三、案例教学与跨学科融合的实施策略

1. 案例选择

案例选择是案例教学的基础。选择适合小学生认知水平的案例是关键。案例应具有教育意义，能引导学生进行多角度的思考和分析。案例类型可以包括历史事件、社会问题、科学实验、文学作品等。

2. 案例设计

在设计案例时，需要考虑以下几点：

情境设置：设置真实或模拟的情境，使学生能够身临其境地体验和思考。

问题引导：设计具有挑战性的问题，引导学生进行深入思考和讨论。

多学科融合：在案例中融入多个学科的知识，促进学生的综合学习。

3. 教学过程

在教学过程中，教师应充分发挥引导和支持的作用：

案例导入：通过介绍案例背景，引导学生进入学习情境，激发其兴趣和好奇心。

小组讨论：将学生分成小组，进行讨论和交流，培养其合作和沟通能力。

成果展示：通过汇报和展示，分享讨论成果，提升学生的表达能力和自信心。

总结反思：引导学生进行反思和总结，深化对案例的理解和思考。

四、案例教学与跨学科融合的具体应用

案例1：环保行动

【项目主题】社区环保行动

【相关学科】科学、道德与法治、社会、艺术

【具体实施步骤】

1. 案例导入

背景介绍：介绍社区环保的重要性以及当前社区面临的环保问题。

问题引导：引导学生思考"我们能为社区环保做些什么？"

2. 小组讨论

分组讨论：学生分成小组，讨论并提出环保行动的计划，如垃圾分类、废物利用、节能减排等。

角色分配：每个小组分配不同的任务，如资料收集、海报设计、宣传活动等。

3. 成果展示

活动实施：各小组按照计划进行环保行动，并记录过程和成果。

汇报展示：通过照片、视频、海报等方式展示环保行动的成果，分享心得体会。

4. 总结反思

反思总结：引导学生反思环保行动的意义和效果，讨论如何进一步推广环保意识。

【评价方式】

过程评价：记录学生在讨论和行动中的表现，给予及时反馈和表扬。

成果评价：通过展示的照片、视频和海报等，评估学生的学习效果和实践能力。

案例2：模拟法庭

【项目主题】校园模拟法庭

【相关学科】道德与法治、语文、社会

【具体实施步骤】

1. 案例导入

法律知识学习：介绍基本的法律知识和法庭程序，通过视频和讲解，让学生了解法律的重要性。

案例引导：选择一个简单的法律案例，如校园欺凌、网络安全等，引导学生思考案件的法律和道德问题。

2. 小组讨论

角色扮演：学生分成不同小组，分别扮演法官、律师、原告、被告、证人等角色，准备开庭陈述和辩论。

案例分析：各小组进行案例分析，收集证据，准备发言材料。

3. 模拟法庭

法庭程序：按照法庭程序进行模拟审判，各角色依次进行陈述、质询和辩论。

角色表现：学生在模拟法庭中扮演不同角色，展示其法律知识和辩论能力。

4. 总结反思

结果讨论：学生讨论模拟法庭的结果，分析案件的法律依据和道德意义。

法律反思：学生撰写反思日志，总结模拟法庭活动中的收获和体会。

【评价方式】

过程评价：记录学生在角色扮演和案例分析中的表现，给予及时反馈和表扬。

成果评价：通过模拟法庭的表现和反思日志，评估学生的法律意识和道德认知。

案例3：社区调查与报告

【项目主题】社区文化调查

【相关学科】语文、社会、道德与法治、艺术

【具体实施步骤】

1. 案例导入

社区介绍：介绍社区的基本情况和文化背景，激发学生对社区的兴趣和认同感。

问题引导：引导学生思考"我们社区有哪些文化特色？""如何记录和展示这些文化特色？"

2. 小组讨论

任务分配：学生分成小组，分别负责不同的调查任务，如历史文化、传统节日、

风俗习惯等。

资料收集：各小组通过实地走访、采访社区居民、查阅资料等方式，收集相关信息和资料。

3. 成果展示

报告撰写：各小组根据收集的资料，撰写社区文化调查报告，制作展示板或多媒体展示。

汇报展示：通过汇报和展示，分享调查结果和心得体会。

4. 总结反思

反思总结：引导学生反思社区文化调查的意义，讨论如何进一步推广和保护社区文化。

【评价方式】

过程评价：记录学生在调查和报告撰写中的表现，给予及时反馈和表扬。

成果评价：通过展示的报告和多媒体展示，评估学生的学习效果和实践能力。

案例教学与跨学科融合在小学教育中的应用，不仅能够增强学生对知识的理解和记忆，还能培养其综合素质和实践能力。通过科学的设计、丰富的活动和全面的评价，可以为学生提供丰富的学习体验，促进其全面发展。通过具体案例的分析与讨论，学生能够在真实或模拟情境中，综合运用多学科的知识和技能，提高其思考能力、解决问题能力和创新能力，培养其道德品质、法律意识和社会责任感。

第五节 跨学科合作与教学效果评价

一、跨学科合作在小学道德与法治教学中的必要性

在小学教育中，单一学科的教学方式往往不能满足学生全面发展的需求。道德与法治作为一门培养学生道德品质、法律意识和社会责任感的课程，需要与其他学科进行有机融合，以丰富教学内容，提高教学效果。跨学科合作在道德与法治教学中的应用，可以通过多学科知识的整合，培养学生的综合素质，促进其全面发展。

二、跨学科合作的实施策略

1. 明确教学目标

在跨学科合作中，首先需要明确教学目标。小学道德与法治的教学目标主要包括：

（1）培养学生的道德品质和社会责任感。

（2）增强学生的法律意识和规则意识。

（3）提高学生的综合素质和实践能力。

2. 设计跨学科教学活动

设计跨学科教学活动时，需要结合道德与法治课程的特点，选择与其他学科相结合的内容。例如：

科学与道德：通过环境保护主题，结合科学课的环保知识，开展环保行动和讨论。

语文与道德：通过阅读与讨论道德故事和经典文学作品，培养学生的道德判断和语言表达能力。

社会与法治：通过模拟法庭和社区调查，结合社会学科的内容，增强学生的法律意识和社会责任感。

3. 组织合作教学团队

跨学科合作需要多个学科教师的共同参与和协作。可以组织一个跨学科教学团队，包括道德与法治、语文、科学、社会等学科的教师，共同制定教学计划，设计教学活动，评估教学效果。

4. 实施跨学科教学活动

在实施跨学科教学活动时，需要注重以下几点：

引导与启发：教师在教学过程中应发挥引导和启发作用，鼓励学生主动思考和探索。

合作与互动：通过小组合作和讨论，提高学生的合作能力和沟通能力。

情境与实践：通过模拟情境和实践活动，使学生能够在真实情境中应用所学知识。

三、跨学科教学效果的评价

1. 确定评价标准

在评价跨学科教学效果时，需要确定合理的评价标准。可以从以下几个方面进行评价：

知识掌握情况：学生对道德与法治及相关学科知识的掌握情况。

综合素质发展：学生的道德品质、法律意识、社会责任感、合作能力、解决问题能力等综合素质的发展情况。

实践能力：学生在实践活动中的表现和实际应用能力。

2. 选择评价方法

可以采用多种评价方法对教学效果进行全面评价，包括：

过程评价：通过观察学生在教学活动中的表现，记录其参与情况、讨论发言、合作态度等。

成果评价：通过学生的作业、项目报告、展示作品等成果，评估其学习效果和实际应用能力。

自我评价与反思：引导学生进行自我评价和反思，总结学习收获和不足，提出改进建议。

同伴评价与教师评价：通过同伴评价和教师评价，全面了解学生的学习情况和综合素质发展情况。

四、案例分析

案例1：社区健康游戏项目

【项目主题】社区健康游戏

【相关学科】体育、道德与法治、科学、艺术

【具体实施步骤】

1. 项目导入

背景介绍：介绍健康生活方式的重要性以及当前儿童健康问题的现状。

问题引导：引导学生思考"我们能通过什么游戏来提高社区的健康水平？"

2. 小组讨论

分组讨论：学生分成小组，讨论并提出设计健康游戏的计划，如跳绳比赛、健康知识竞赛、户外寻宝等。

角色分配：每个小组分配不同的任务，如游戏规则制定、道具制作、宣传活动等。

3. 成果展示

活动实施：各小组按照计划进行游戏设计和实施，并记录过程和成果。

汇报展示：通过照片、视频、海报等方式展示健康游戏的成果，分享心得体会。

4. 总结反思

反思总结：引导学生反思健康游戏的意义和效果，讨论如何进一步推广健康生活方式。

【评价方式】

过程评价：记录学生在讨论和行动中的表现，给予及时反馈和表扬。

成果评价：通过展示的照片、视频和海报等，评估学生的学习效果和实践能力。

自我评价与反思：学生撰写反思日志，总结健康游戏中的收获和不足。

同伴评价与教师评价：通过同伴评价和教师评价，了解学生的合作能力和社会责任感。

案例2：反烟项目

【项目主题】反烟教育活动

【相关学科】科学、道德与法治、语文、艺术

【具体实施步骤】

1. 项目导入

背景介绍：介绍吸烟的危害和当前青少年吸烟问题。

问题引导：引导学生思考"我们能做些什么来减少社区中的吸烟行为？"

2. 小组讨论

分组讨论：学生分成小组，讨论并提出反烟教育的计划，如制作反烟宣传册、组织反烟演讲、开展反烟调查等。

角色分配：每个小组分配不同的任务，如资料收集、宣传材料制作、演讲策划等。

3. 成果展示

活动实施：各小组按照计划进行反烟教育活动，并记录过程和成果。

汇报展示：通过照片、视频、宣传册等方式展示反烟教育的成果，分享心得体会。

4. 总结反思

反思总结：引导学生反思反烟教育的意义和效果，讨论如何进一步推广反

烟意识。

【评价方式】

过程评价：记录学生在讨论和行动中的表现，给予及时反馈和表扬。

成果评价：通过展示的照片、视频和宣传册等，评估学生的学习效果和实践能力。

自我评价与反思：学生撰写反思日志，总结反烟教育中的收获和不足。

同伴评价与教师评价：通过同伴评价和教师评价，了解学生的合作能力和社会责任感。

案例3：萝卜刀项目

【项目主题】非暴力行为教育

【相关学科】道德与法治、科学、艺术

【具体实施步骤】

1. 项目导入

背景介绍：介绍校园暴力及其危害，强调非暴力行为的重要性。

问题引导：引导学生思考"我们如何通过创意活动来倡导非暴力行为？"

2. 小组讨论

分组讨论：学生分成小组，讨论并提出倡导非暴力行为的计划，如制作反暴力动画、举办非暴力行为讲座、组织模拟冲突解决等。

角色分配：每个小组分配不同的任务，如动画制作、讲座策划、模拟活动组织等。

3. 成果展示

活动实施：各小组按照计划进行非暴力行为倡导活动，并记录过程和成果。

汇报展示：通过动画展示、讲座视频、模拟活动照片等方式展示非暴力行为倡导的成果，分享心得体会。

4. 总结反思

反思总结：引导学生反思非暴力行为倡导的意义和效果，讨论如何进一步推广非暴力意识。

【评价方式】

过程评价：记录学生在讨论和行动中的表现，给予及时反馈和表扬。

成果评价：通过展示的动画、视频和照片等，评估学生的学习效果和实践能力。

自我评价与反思：学生撰写反思日志，总结非暴力行为倡导中的收获和不足。

同伴评价与教师评价：通过同伴评价和教师评价，了解学生的合作能力和社会责任感。

跨学科合作在小学道德与法治教育中的应用，不仅丰富了教学内容，还增强了学生的综合素质。通过具体案例分析，我们可以看到，跨学科合作能够有效地提升学生的道德品质、法律意识和社会责任感。通过明确的实施步骤和多样的评价方式，教师可以全面了解学生的学习情况，并及时调整教学策略，进一步提高教学效果。

第七章 基于学生需求的小学道德与法治课程优化

第一节 学生需求调研与分析

一、学生需求调研与分析的重要性

小学道德与法治课程是培养学生良好道德品质、法律意识和社会责任感的重要学科。为了使课程更符合学生的发展需求，提高教学效果，需要对学生的实际需求进行详细调研和分析。通过了解学生的兴趣、学习习惯、认知水平和社会环境等因素，教师可以有针对性地优化课程设计，提升学生的学习体验和效果。

二、学生需求调研的方法

1. 问卷调查：设计包含多项选择题和开放性问题的问卷，了解学生对课程内容、教学方法、学习兴趣等方面的看法和建议。

2. 访谈法：通过与学生、家长、教师的面对面交流，深入了解学生的需求、困难和期望。

3. 课堂观察：教师在课堂上观察学生的表现，记录学生的参与度、兴趣点和困惑之处。

4. 学习日志：鼓励学生撰写学习日志，记录他们在学习中的收获、困惑和建议。

5. 家校沟通：通过家校沟通平台，如家长会、家校联系本等，收集家长对课程的意见和建议。

三、学生需求分析的内容

1. 学习兴趣：了解学生对道德与法治课程各个模块的兴趣点，哪些主题吸引他们，哪些活动形式更能激发他们的学习热情。

2. 认知水平：分析学生的认知发展水平，确保课程内容符合学生的理解能力，避免过难或过易。

3. 学习习惯：了解学生的学习习惯，如喜欢自主学习还是合作学习，喜欢通过阅读还是实践活动获取知识等。

4. 社会环境：考虑学生所处的社会环境，包括家庭教育、社区文化等对学生道德和法律意识的影响。

5. 个别差异：关注不同学生的个别差异，如性格特点、兴趣爱好、学习风格等，制定个性化的教学策略。

四、小学道德与法治课程优化策略

基于学生需求调研与分析的结果，可以从以下几个方面优化道德与法治课程：

1. 丰富课程内容

结合实际案例：通过学生身边的实际案例，如校园安全、社区活动、环保行动等，使课程内容更贴近学生生活，增强课程的现实感和实用性。

引入多样化资源：利用多媒体资源、图书资料、网络资源等，丰富教学素材，提供多种学习渠道，让学生在多样化的学习资源中获取知识。

2. 创新教学方法

情境教学：通过创设真实的生活情境，如模拟法庭、角色扮演等，使学生在具体情境中理解和应用道德与法律知识。

合作学习：鼓励学生分组讨论、合作探究，通过小组合作、互助学习，提高学生的合作能力和集体荣誉感。

体验式学习：组织实践活动，如社区服务、社会调查、公益活动等，使学生在实践中体验和感悟道德与法律的意义。

3. 个性化教学设计

差异化教学：根据学生的认知水平和学习能力，进行分层教学，设计不同难度的学习任务，使每个学生都能在适合自己的学习路径中获得发展。

兴趣引导：根据学生的兴趣点，设计有趣的教学活动，如道德故事会、法律知识竞赛等，激发学生的学习兴趣和主动性。

学习支持：为学习困难的学生提供个性化辅导和帮助，如课后辅导、小组合作等，帮助他们克服学习障碍，提升学习效果。

4. 加强家校合作

家校沟通：通过家长会、家校联系本、家长开放日等形式，与家长保持密切沟通，了解家长对课程的期望和建议，共同支持学生的发展。

家庭教育指导：向家长提供家庭教育指导，帮助家长树立正确的教育观念，支持孩子在家庭中形成良好的道德品质和法律意识。

社区合作：与社区合作，组织学生参与社区活动，如社区服务、环保行动等，使家庭、学校和社区共同参与学生的道德与法治教育。

五、优化效果评价与反馈

1. 多元评价：通过多种评价方式，如过程评价、成果评价、自我评价、同伴评价等，全面了解学生的学习效果和发展情况。

2. 反馈与调整：根据评价结果，及时反馈教学效果，分析存在的问题和不足，进行课程的调整和改进。

3. 持续改进：将学生需求调研与课程优化作为一个持续的过程，不断收集学生的反馈，持续改进课程设计和教学方法，确保课程始终符合学生的发展需求。

通过详细的学生需求调研与分析，可以全面了解学生在道德与法治课程中的兴趣点、学习习惯和认知水平等，进而优化课程设计和教学方法。通过丰富课程内容、创新教学方法、个性化教学设计、加强家校合作等策略，可以提高道德与法治课程的教学效果，促进学生的全面发展。同时，通过多元评价与反馈机制，不断改进课程设计和教学方法，确保课程始终符合学生的发展需求。

第二节 道德与法治课程内容的优化

道德与法治课程的优化需要从课程设计、教学方法、评估机制等多个方面进行深入探讨。结合五育（德育、智育、体育、美育、劳育），可以全面提升学生的综合素质。以下是详细的优化方案：

一、课程设计

1.综合性与系统性

道德与法治课程应从学生实际需求出发，综合考虑社会发展、法律进步以及学生身心发展特点，设计系统而全面的课程内容。课程不仅要涵盖法律知识，还要涵盖道德伦理、社会责任、民主参与等方面内容，确保学生在知识、技能、态度上的全面发展。

2.主题化模块设计

将课程内容分为不同主题模块，如法律基础、道德伦理、社会公德、家庭美德、国家安全、国际视野等。每个模块设置若干子主题，使学生在逐步深入学习过程中，形成系统性认知。例如，法律基础模块可以包括宪法、民法、刑法、行政法等基本法律知识；道德伦理模块可以包括孝敬父母、尊重他人、诚实守信、爱护环境等内容。

3.多学科融合

道德与法治课程可以与语文、历史、政治、地理等学科进行有机融合，通过跨学科教学，帮助学生更好地理解和应用道德与法治知识。例如，通过历史故事学习古代名人的道德行为，通过地理课程了解各国法律制度的差异等。

二、教学方法

1.实践教学

在教学过程中，引入模拟法庭、辩论赛、角色扮演等实践活动，增强学生对法律和道德的感性认识和应用能力。例如，通过模拟法庭活动，让学生扮演不同角色，体验法律程序和司法公正的重要性；通过辩论赛，培养学生的逻辑思维能力和语言表达能力。

2. 案例教学

运用真实案例进行教学，增强课程的现实感和说服力。教师可以选择社会热点案例、经典法律案例、道德模范人物事迹等，通过分析案例，引导学生进行讨论，培养学生的批判性思维和道德判断能力。

3. 信息化教学

利用现代信息技术手段，丰富教学资源和形式。通过线上线下结合的方式，提供多样化的学习资源，如微课视频、在线讨论、电子书籍等，激发学生的学习兴趣和主动性。此外，利用大数据分析学生学习情况，进行个性化教学，提高教学效果。

三、评估机制

1. 多维度评估

在评估学生学习成果时，应采用多维度评估机制，不仅考察学生的知识掌握情况，还要评估其在实际生活中的应用能力和道德行为表现。例如，通过笔试考察法律知识，通过口头汇报考察表达能力，通过社会实践活动评估其道德行为。

2. 动态评估

建立动态评估机制，及时反馈学生的学习情况，并根据评估结果进行调整和改进。教师可以定期进行学生评估，并与学生进行交流，了解其学习困难和需求，提供针对性的指导和帮助。

四、结合五育的具体措施

1. 德育

道德与法治课程本身就是德育的重要组成部分，通过系统的道德教育，培养学生的品德修养和社会责任感。通过道德模范人物事迹的学习，引导学生向善，树立正确的价值观和人生观。

2. 智育

道德与法治课程不仅是道德教育，也是智育的重要组成部分。通过法律知识的学习，培养学生的法律意识和法治观念，提升其逻辑思维能力和问题解决能力。引导学生在生活中应用所学知识，解决实际问题。

3. 体育

在道德与法治课程中，可以融入体育活动，增强学生的体质。例如，通过体育竞赛活动，培养学生的团队合作精神和公平竞争意识。在体育活动中，强调规则意识和纪律观念，使学生在运动中体会道德和法律的内涵。

4. 美育

道德与法治课程可以通过艺术作品的欣赏和创作，培养学生的审美情趣和道德情感。例如，通过欣赏影视作品、文学作品、绘画作品等，引导学生感受美的同时，体会道德和法律的价值。在艺术创作过程中，鼓励学生表达对正义、公平、善良等美好价值的追求。

5. 劳动教育

通过社会实践活动，培养学生的劳动精神和社会责任感。例如，组织学生参与社区服务、公益活动、环境保护等，通过实际劳动体验，增强其社会责任感和服务意识。在劳动过程中，强调劳动纪律和团队合作，使学生在劳动中体会法律和道德的作用。

五、教师队伍建设

1. 专业化培训

加强教师的专业化培训，提高其专业素质和教学能力。定期组织教师参加法律知识和道德教育的培训，了解最新的法律法规和道德教育理论，不断提升其教学水平。

2. 教师交流与合作

鼓励教师之间的交流与合作，分享教学经验和资源。通过教研活动、教学比赛、观摩课等形式，促进教师之间的互动和合作，提高整体教学质量。

3. 教师激励机制

建立教师激励机制，鼓励教师在教学中进行创新和实践。对在教学中取得优异成绩的教师，给予奖励和表彰，提高教师的工作积极性和创造性。

六、家庭与社会的合作

1. 家庭教育

加强家庭教育，引导家长积极参与到学生的道德与法治教育中来。通过家校合作，形成教育合力，共同培养学生的道德品质和法律意识。

2. 社会资源利用

充分利用社会资源，开展丰富多彩的社会实践活动。例如，邀请法律专家、道德模范进校园讲座，组织学生参观法院、监狱、社区服务中心等，通过实际体验，增强学生的法律意识和社会责任感。

道德与法治课程的优化是一个系统工程，需要教育部门、学校、教师、家长以及社会各界的共同努力。通过综合性、系统性的课程设计，实践性、信息化的教学方法，多维度、动态化的评估机制，以及结合五育的具体措施，能够全面提升学生的综合素质，使其成为具有良好道德品质和法律素养的新时代公民。

第三节 教学实践环节的设计与实施

一、教学实践环节的重要性

教学实践环节是小学教育中不可或缺的一部分。它不仅能够将课堂上所学的知识进行巩固和应用，还能够激发学生的学习兴趣，培养他们的动手能力和创新精神。结合小学生的年龄特点和认知规律，设计和实施科学合理的教学实践环节，可以有效提高教学效果，促进学生全面发展。

二、小学生的特点分析

在设计教学实践环节时，需要充分考虑小学生的以下特点：

1. 好奇心强：小学生对新事物充满好奇，喜欢探索和发现。

2. 注意力短暂：小学生的注意力集中时间较短，需要频繁变换活动形式。

3. 动手能力发展中：小学生喜欢动手操作，实践活动能够增强他们的动手能力。

4. 模仿能力强：小学生善于模仿，通过观察和模仿可以快速学习新知识和技能。

5. 情感丰富：小学生情感细腻，容易被激励和鼓舞，需要在实践活动中获得成就感和认同感。

三、教学实践环节的设计原则

1. 趣味性：设计有趣的实践活动，激发学生的学习兴趣。

2. 多样性：活动形式多样，避免单一枯燥，保持学生的注意力。

3. 参与性：确保每个学生都有机会参与，增强团队合作意识。

4. 安全性：考虑学生的安全，设计安全可行的实践活动。

5. 适应性：根据学生的年龄和能力差异，设计适应不同水平的活动。

四、教学实践环节的实施策略

1. 前期准备

确定目标：明确实践环节的教学目标和预期效果。

设计内容：根据教学目标，设计具体的实践活动内容和步骤。

准备材料：提前准备好所需的教具和材料，确保活动顺利进行。

环境布置：布置适合实践活动的环境，如教室、实验室、户外场地等。

2. 实施过程

引导入门：通过故事、问题或实际案例，引导学生进入活动主题，激发他们的兴趣。

分组合作：将学生分成小组，明确分工，培养团队合作精神。

动手操作：让学生亲自动手操作，在实践中发现问题，解决问题。

教师指导：教师在旁进行指导，提供必要的帮助，确保活动顺利进行。

总结反思：活动结束后，引导学生进行总结和反思，分享自己的收获和体验。

3. 后期评价

成果展示：让学生展示自己的实践成果，增强自信心和成就感。

互动评价：教师和学生共同进行评价，肯定优点，指出不足，提出改进建议。

反馈改进：根据评价结果，调整和改进实践活动设计，不断提高教学效果。

五、实践活动案例设计

案例1：科学实验——制作简易电动小车

【目标】了解电路基本原理，培养动手能力和合作意识。

【准备材料】小电动机、电池、开关、导线、车轮、底板、胶带等。

【实施步骤】

1. **引导入门**：通过展示视频或实物小车，引导学生思考电动小车的工作原理。

2. **分组合作**：将学生分成小组，每组4-5人，分配任务。

3. 动手制作： 学生根据指导制作电动小车，教师在旁指导。

4. 测试调试： 完成制作后进行测试，发现问题及时调整。

5. 总结反思： 每组展示自己的作品，总结制作过程中的经验和教训。

案例2：语文活动——故事创作与表演

【目标】培养语言表达能力和创造力，增强自信心和合作意识。

【准备材料】纸笔、道具、服装等。

【实施步骤】

1. 引导入门： 教师讲述一个有趣的故事，引导学生思考故事情节和人物性格。

2. 分组创作： 将学生分成小组，每组创作一个新的故事情节。

3. 故事表演： 学生用自制的道具和服装表演自己创作的故事。

4. 评价反馈： 表演结束后，师生共同进行评价，提出改进建议。

5. 总结提升： 总结创作和表演中的收获，提升语言表达和表演能力。

案例3：数学活动——趣味数学游戏

【目标】巩固数学知识，培养逻辑思维能力和团队合作精神。

【准备材料】数学题卡、计时器、奖品等。

【实施步骤】

1. 引导入门： 通过有趣的数学谜题或故事，引导学生进入活动主题。

2. 分组比赛： 将学生分成小组，以比赛的形式进行趣味数学游戏。

3. 动手操作： 学生通过解答题卡上的数学问题，完成任务。

4. 计时奖励： 根据完成任务的时间和准确度，给予奖励，增强学生的积极性。

5. 总结反思： 总结活动中的收获和问题，提出改进建议。

教学实践环节的设计与实施，是提升小学教育质量的重要途径。通过科学合理的实践活动，可以激发学生的学习兴趣，培养他们的动手能力和创新精神。教师在设计和实施实践环节时，需要充分考虑小学生的特点，注重趣味性、参与性和安全性，不断改进和优化实践活动，促进学生全面发展。

通过上述案例的详细阐述，我们可以看到如何结合小学生的特点，设计和实施教学实践环节，以达到最佳的教育效果。希望这些方法和策略能够为一线教师提供有益的参考和借鉴，共同促进小学道德与法治跨学科教育的进步和发展。

第四节 学生自主学习与探究能力的培养

在现代教育体系中，培养学生的自主学习与探究能力已成为关键目标。这种能力不仅有助于学生在学术上取得成功，还能为他们未来的终身学习和个人发展打下坚实基础。本节将探讨如何在小学阶段有效地培养学生的自主学习与探究能力。

一、认识自主学习与探究能力

1. 自主学习

自主学习是指学生在学习过程中能够主动选择、计划、执行和评价自己的学习活动。这种学习方式强调学生的主体地位，要求学生具备自我管理和自我调节的能力。

2. 探究能力

探究能力是指学生在面对问题时，通过提出问题、假设、实验、观察、分析和得出结论等一系列过程，寻找答案和解决问题的能力。这种能力强调学生的好奇心、批判性思维和解决问题的技巧。

二、培养自主学习与探究能力的策略

1. 创设良好的学习环境

支持性环境：教师应创造一个支持性的学习环境，让学生感受到尊重和鼓励。这样的环境能够激发学生的学习兴趣和主动性。

资源丰富：提供丰富的学习资源，如图书、网络资源、实验器材等，满足学生的探究需求。

2. 注重学习兴趣的激发

兴趣引导：通过有趣的活动、游戏和故事，引导学生对学习内容产生兴趣。

例如，可以通过科学实验、探险故事等方式激发学生对科学的兴趣。

项目学习：组织项目学习，让学生在实际问题的解决过程中学习。例如，可以组织"校园植物调查"活动，让学生在调查中学习植物学知识。

3. 培养良好的学习习惯

时间管理：教导学生合理安排学习时间，制定学习计划，逐步培养时间管理能力。

自我评价：鼓励学生对自己的学习过程和结果进行评价，发现问题并提出改进措施。

4. 强调过程而非结果

探究过程：在探究活动中，教师应注重引导学生体验和理解探究的过程，而不是仅仅关注最终结果。通过观察、实验、记录和分析，学生能够更深刻地理解探究的意义。

失败与反思：鼓励学生在探究过程中勇于尝试，即使失败也要进行反思，从失败中学习。

5. 培养合作学习能力

小组合作：组织小组合作学习，让学生在团队中分工合作，共同完成任务。在合作过程中，学生可以相互学习，共同进步。

角色扮演：通过角色扮演等活动，让学生在扮演不同角色的过程中体验和理解他人的观点和方法，培养合作精神和沟通能力。

6. 教师的角色转变

引导者：教师应从知识的传授者转变为学习的引导者和支持者，通过提出问题、提供资源和进行指导，帮助学生自主探究。

反馈者：教师应及时给予学生反馈，帮助他们发现问题，调整学习策略，提高学习效果。

三、具体案例分析

案例 1：科学探究活动

【活动名称】制作简易气象站

【目标】培养学生的科学探究能力和动手操作能力

【实施步骤】

1. 引导提问：教师提出问题"天气是如何预报的？"引导学生思考并讨论。

2. 小组合作：将学生分成小组，每组制作一个简易气象站，包括温度计、风向标和雨量计等。

3. 动手实验：学生根据教师提供的材料和步骤，动手制作气象仪器，并记录每天的气象数据。

4. 数据分析：学生分析记录的数据，尝试预测天气，并与实际天气情况进行对比。

5. 总结反思：每组学生汇报自己的实验过程和结果，进行总结和反思。

案例 2：语文自主学习活动

【活动名称】我的阅读日志

【目标】培养学生的自主阅读和写作能力

【实施步骤】

1. 选择书籍：学生自主选择一本喜欢的书籍，教师给予适当的建议和指导。

2. 制定计划：学生制定阅读计划，包括每天阅读的时间和页数。

3. 阅读记录：学生在阅读过程中，记录自己的阅读感受和收获，并提出问题和疑惑。

4. 分享交流：每周组织一次阅读分享会，学生交流自己的阅读体验和心得。

5. 总结评价：教师和学生共同评价阅读日志，发现优点和不足，提出改进建议。

培养小学生的自主学习与探究能力，是一项长期而系统的工作。教师应从多方面入手，通过创建良好的学习环境、激发学习兴趣、培养良好的学习习惯、强调探究过程、加强合作学习和转变教师角色，帮助学生逐步养成自主学习和探究的能力。通过科学的教学策略和实际案例的应用，能够有效提升小学生的学习能力，为他们的未来发展奠定坚实基础。

第五节 个性化教育在道德与法治中的应用

随着社会的发展和教育理念的不断更新，个性化教育逐渐成为一种重要的教育模式。个性化教育旨在关注每个学生的独特性，尊重他们的个体差异，提供适合其发展的教育方式和内容。在道德与法治教育中，个性化教育的应用显得尤为重要。本节将详细探讨个性化教育在道德与法治中的应用，分析其重要性、实施策略以及实际案例。

一、个性化教育的内涵

个性化教育是指根据学生的兴趣、能力、性格和需求，提供量身定制的教育内容和方法，旨在最大限度地发挥每个学生的潜能。个性化教育强调尊重个体差异，关注学生的全面发展，鼓励学生自主学习和个性发展。

二、道德与法治教育的目标

道德与法治教育的主要目标是培养学生正确的道德观念和法治意识，帮助他们形成良好的行为习惯和公民素养。具体而言，道德与法治教育旨在：

1. 培养学生的道德品质：通过教育使学生具备诚实、守信、尊重他人、热爱集体等优良品质。

2. 增强法治意识：通过教育使学生了解法律知识，树立法治观念，遵守法律法规。

3. 提升公民素养：通过教育使学生具备爱国主义精神、社会责任感和公共服务意识。

三、个性化教育在道德与法治中的重要性

个性化教育在道德与法治教育中的应用具有重要意义：

1. 尊重个体差异：每个学生都有不同的背景、经历和需求，个性化教育能够尊重和满足这些差异，使教育更加公平和有效。

2. 增强教育效果：个性化教育能够根据学生的兴趣和需求设计教育内容，提高学生的学习兴趣和参与度，增强教育效果。

3. 促进全面发展：个性化教育注重学生的全面发展，既关注学习成绩，也关注道德品质和法治意识的培养。

四、个性化教育在道德与法治中的实施策略

1. 了解学生个体差异

在实施个性化教育时，教师首先需要深入了解每个学生的个体差异，包括他们的兴趣、能力、性格和需求。可以通过以下方式进行了解：

（1）**问卷调查**：设计针对性的问题，了解学生的兴趣爱好、学习习惯和个性特点。

（2）**个别交流**：与学生进行个别交流，倾听他们的想法和需求，建立信任关系。

（3）**观察记录**：通过课堂观察和日常记录，了解学生的行为表现和学习状况。

2. 设计个性化的教育内容

根据学生的个体差异，设计适合其发展的教学内容。具体而言，可以采取以下策略：

（1）**多样化的教材**：提供多样化的教材和学习资源，满足不同学生的学习需求。例如，可以选择不同难度和风格的阅读材料，让学生根据自己的兴趣和能力选择。

（2）**个性化的案例**：在道德与法治教育中，选择和设计与学生生活实际相

关的案例，使教育内容更加贴近学生的实际生活。

（3）**灵活的教学方法**：采用灵活多样的教学方法，如小组讨论、角色扮演、情景模拟等，促进学生的参与和思考。

3. 注重学生的自主学习

个性化教育强调学生的自主学习和个性发展。在道德与法治教育中，可以采取以下措施，促进学生的自主学习：

（1）**设立学习目标**：鼓励学生根据自己的兴趣和需求设立学习目标，制定学习计划。

（2）**提供自主学习资源**：提供丰富的自主学习资源，如图书、网络课程、视频资料等，支持学生自主学习。

（3）**鼓励自主探究**：在教学过程中，鼓励学生提出问题，进行自主探究和研究，培养他们的探究能力和批判性思维。

4. 开展个性化的实践活动

道德与法治教育不仅要在课堂上进行，还应通过各种实践活动，增强学生的体验和感悟。可以设计个性化的实践活动，让学生在实践中体验和学习：

（1）**社会服务活动**：组织学生参加社会服务活动，如社区服务、志愿者活动等，让他们在实际行动中体验道德与法治的意义。

（2）**模拟法庭**：开展模拟法庭活动，让学生扮演不同的角色，了解法律程序，增强法治意识。

（3）**道德实践项目**：设计各种道德实践项目，如环保活动、爱心义卖等，让学生在实践中培养道德品质。

5. 建立个性化的评价机制

在个性化教育中，评价机制也应具有个性化，注重过程评价和多元评价：

（1）**过程评价**：关注学生的学习过程，记录他们的进步和努力，给予及时的反馈和鼓励。

（2）**多元评价**：采用多种评价方式，如自评、互评、教师评价等，全面评价学生的学习表现和道德行为。

（3）**个性化反馈**：根据每个学生的特点，提供个性化的反馈和建议，帮助他们改进和提高。

五、个性化教育在道德与法治中的实际案例

案例1：个性化的法治教育课程

在某小学，教师设计了一套个性化的法治教育课程。首先，教师通过问卷调查和个别交流，了解学生的法律知识水平和兴趣点。然后，教师根据学生的需求，设计了多样化的法治教育内容，如法律知识讲解、法治故事分享、模拟法庭活动等。

在课程中，教师鼓励学生自主选择感兴趣的学习内容和活动方式。学生们可以根据自己的兴趣，参加不同的法治教育活动，有的选择阅读法治故事，有的参加模拟法庭，还有的进行法律知识竞赛。通过这些个性化的学习活动，学生们不仅学到了法律知识，还增强了法治意识。

案例2：个性化的道德教育实践活动

在某小学，教师组织了一系列个性化的道德教育实践活动。首先，教师通过观察和交流，了解学生的道德品质和行为表现。然后，教师设计了多种道德实践活动，如环保活动、爱心义卖、社区服务等。

在这些实践活动中，学生可以根据自己的兴趣和特长，选择不同的活动参与。例如，有的学生选择参加环保活动，进行垃圾分类和环保宣传；有的学生选择参加爱心义卖，为贫困儿童筹集善款；还有的学生选择参加社区服务，帮助老人和孤儿院的孩子们。通过这些个性化的道德实践活动，学生们在实际行动中

体验了道德的力量，培养了良好的道德品质。

个性化教育在道德与法治教育中的应用，不仅能够提高教学效果，还能够促进学生的全面发展。在实施个性化教育时，教师需要深入了解学生的个体差异，设计个性化的教育内容，注重学生的自主学习，开展个性化的实践活动，并建立个性化的评价机制。通过这些策略，能够有效培养学生的道德品质和法治意识，帮助他们成为有责任感、有担当的新时代公民。

第八章 小学道德与法治教学方法与手段的创新

第一节 项目式教学在道德与法治中的应用

在当前教育改革的大背景下，如何提升小学道德与法治课程的教学效果成为教育工作者关注的重点。项目式教学法作为一种以学生为中心、通过完成具体项目任务来学习知识和技能的教学方法，越来越受到教育界的重视。本节将探讨项目式教学在小学道德与法治课程中的具体应用，分析其优势和实施策略。

一、项目式教学的基本概念

项目式教学（Project–Based Learning, PBL）是一种以学生为中心，通过开展实际项目活动，使学生在解决实际问题的过程中学习知识、培养能力的教学方法。这种教学方法强调学生的自主探究、合作学习和实际应用，有助于提升学生的综合素质和实践能力。

二、项目式教学在道德与法治中的应用优势

1. 激发学生兴趣：项目式教学将枯燥的理论知识与实际生活相结合，通过具体项目任务的实施，使学生在动手实践中学习，能够有效激发学生的学习兴趣。

2. 培养综合能力：在完成项目的过程中，学生需要进行自主探究、团队合作、问题解决等一系列活动，这有助于培养学生的综合能力，如自主学习能力、合作能力、沟通能力和创新能力。

3. 促进知识应用：项目式教学强调知识的实际应用，通过项目的实施，使学生能够将道德与法治的理论知识应用于实际问题的解决，提升学生的实际应用能力。

4. 增强道德认知：项目式教学通过具体的项目任务，使学生在实际情境中感受道德规范和法律规则，有助于增强学生的道德认知和法治意识。

三、项目式教学在道德与法治中的具体实施策略

1. 项目选题：选择与学生生活密切相关、具有实际意义的项目题目，如"校园安全""环境保护""社区服务"等，确保项目具有实际操作性和教育意义。

2. 制定项目计划：教师需要制定详细的项目计划，包括项目目标、实施步骤、时间安排、评价标准等，确保项目实施有序进行。

3. 组建项目团队：将学生分成若干小组，每组负责一个具体项目任务，培养学生的团队合作精神和责任感。

4. 项目实施：在项目实施过程中，教师应扮演引导者和支持者的角色，提供必要的指导和资源支持，鼓励学生自主探究和创新。

5. 成果展示：项目完成后，组织学生进行成果展示和汇报，通过展示和分享，提高学生的成就感和自信心。

6. 评价与反思：对项目的实施过程和成果进行评价，既要关注项目的最终成果，也要重视学生在项目过程中的表现。通过反思和总结，帮助学生认识到自身的不足和改进方向。

四、案例分析

以"校园安全"为例，具体实施步骤如下：

1. 选题与目标确定：项目选题为"校园安全"，目标是提高学生的安全意识和应急能力。

2. 组建团队与分工： 将学生分成若干小组，每组负责一个方面的内容，如"防火安全""防溺水""交通安全"等。

3. 资料收集与分析： 各小组通过查阅资料、实地调查等方式，收集相关信息，并进行分析和讨论。

4. 项目实施： 各小组根据分析结果，制定相应的安全方案，并通过演练、宣传等形式实施方案。

5. 成果展示： 各小组通过展示板、演讲等形式，向全班同学汇报项目实施过程和成果。

6. 评价与反思： 教师和学生共同对项目进行评价，总结经验和不足，为今后的学习和生活提供参考。

项目式教学法在小学道德与法治课程中的应用，不仅能够提升学生的学习兴趣和综合能力，还有助于培养学生的道德认知和法治意识。通过合理的选题、科学的计划、有效的实施和全面的评价，项目式教学能够充分发挥其优势，为道德与法治课程的教学创新提供有力支持。

在未来的教学实践中，教师应不断探索和实践项目式教学法，积累经验，逐步完善，使其更好地服务于学生的成长和发展。同时，教育行政部门和学校也应提供必要的支持和保障，为项目式教学的实施创造良好的环境和条件。通过共同努力，推动小学道德与法治课程教学的不断创新和发展。

第二节 多媒体与信息技术的应用

随着信息技术的迅猛发展，传统的教育方式和方法已经不能完全满足现代教育的需求。多媒体和信息技术的应用为小学道德与法治教育带来了全新的机遇和挑战。本节旨在探讨多媒体与信息技术在小学道德与法治教学中的创新应用，分析其优势和实践中的具体方法。

一、多媒体与信息技术在教学中的优势

1. 增强课堂互动性：多媒体技术可以通过视频、音频、动画等形式生动地呈现教学内容，激发学生的学习兴趣。互动式白板、投影仪等设备可以使师生之间的互动更加便捷和频繁，增强了学生的参与感。

2. 丰富教学资源：信息技术使得教师能够轻松获取和整合各种教学资源，如课件、电子书、教学视频等。这些资源可以为课堂教学提供丰富的素材，帮助学生更全面地理解和掌握知识。

3. 个性化学习：多媒体和信息技术可以为学生提供个性化的学习平台，满足不同学生的学习需求。通过在线学习平台，学生可以根据自己的学习进度和兴趣选择学习内容，进行自主学习和个性化辅导。

4. 提高学习效果：研究表明，多媒体和信息技术的应用可以显著提高学生的学习效果。通过视觉、听觉等多感官的刺激，学生的记忆和理解能力得到了增强，学习效果更为显著。

二、具体应用方法

1. 多媒体课件的制作与应用：教师可以利用 PowerPoint、Prezi 等工具制作生动有趣的课件，通过图文并茂的方式讲解道德与法治的相关知识。例如，在讲解法律知识时，可以通过动画展示法律案例，通过视频播放法治宣传片，使

学生更直观地理解法律概念。

2. 互动式教学设备的应用：互动白板、电子书包等设备的应用可以提高课堂的互动性。例如，教师可以在互动白板上展示案例，学生可以通过电子书包参与讨论和答题。这样的互动方式不仅增强了学生的参与感，还提高了教学效果。

3. 虚拟现实技术的应用：虚拟现实技术（VR）可以为学生提供身临其境的学习体验。例如，在讲解历史事件或法律案例时，可以通过 VR 技术让学生"置身"于事件发生的场景，感受当时的情境，从而加深对事件的理解和记忆。

4. 在线学习平台的应用：教师可以利用在线学习平台，如国家中小学智慧教育平台、MOOC（慕课）等，为学生提供丰富的学习资源和个性化的学习指导。学生可以通过这些平台自主学习，完成在线测试和作业，教师可以通过平台进行远程辅导和答疑。

5. 多媒体资源库的建设：学校可以建立多媒体资源库，收集和整理各种优质的教学资源，如视频、音频、课件等，供教师和学生使用。这些资源可以为课堂教学提供丰富的素材，帮助教师设计更加生动有趣的课堂活动。

6. 信息技术与课堂活动的结合：教师可以将信息技术与课堂活动相结合，设计各种有趣的教学活动。例如，通过模拟法庭的形式进行角色扮演，让学生扮演法官、律师等角色，体验法律程序；通过在线投票和讨论，激发学生的思考和讨论。

三、实践案例分析

案例 1：虚拟现实体验

某小学在讲解历史事件时，利用虚拟现实技术让学生"亲身"经历事件发生的场景。学生通过 VR 设备"参观"历史遗址，观看事件发生的全过程，感受当时的情境。这样的体验式教学不仅增强了学生的兴趣，还加深了他们对历史事件的理解和记忆。

案例2：在线学习平台的应用

某小学利用在线学习平台，为学生提供个性化的学习资源和指导。学生可以通过平台自主学习道德与法治的相关知识，完成在线测试和作业。教师可以通过平台进行远程辅导和答疑，了解学生的学习进度和困难，提供针对性的帮助和指导。

多媒体和信息技术在小学道德与法治教学中的应用，既是时代发展的必然趋势，也是提升教学质量的重要手段。通过多媒体课件、互动式教学设备、虚拟现实技术、在线学习平台等的应用，教师可以为学生提供更加丰富、多样和个性化的学习体验，提高学生的学习兴趣和效果。然而，在实际应用中，也需要注意技术与教学内容的有机结合，避免过度依赖技术而忽视教学目标的实现。未来，随着信息技术的不断发展，多媒体和信息技术在教育中的应用将更加广泛和深入，为教育事业的发展注入新的活力。

第三节 实践教学与社会实践活动

实践教学与社会实践活动是现代教育的重要组成部分，旨在将理论知识与实际操作相结合，培养学生的实践能力和综合素质。通过实践教学，学生可以将课堂上学到的理论知识应用于实际生活中，从而加深理解，提升技能。而社会实践活动则为学生提供了走出校园、了解社会、服务社会的机会，帮助他们树立正确的价值观和社会责任感。本节将详细介绍实践教学与社会实践活动的概念、意义、实施方法和面临的挑战。

一、实践教学

1. 概念

实践教学是指在教学过程中，通过实验、实习、实训、项目研究等方式，让学生在实际操作中学习和掌握知识与技能的一种教学方式。它不仅包括科学实验和技术训练，还涵盖了社会调查、企业实习、项目研究等多种形式。

2. 意义

实践教学具有重要的教育意义和社会意义：

（1）**增强知识应用能力**：通过实践教学，学生可以将理论知识应用于实际问题的解决中，增强知识的理解和掌握，提高动手能力和解决问题的能力。

（2）**培养创新思维**：实践教学鼓励学生在实际操作中进行探索和创新，培养学生的创新思维和创造力。

（3）**提高综合素质**：通过实践教学，学生不仅可以学习专业知识和技能，还可以培养团队合作精神、沟通能力和责任感，全面提升综合素质。

（4）**促进理论与实践结合**：实践教学将课堂教学与实际操作相结合，弥补了传统教学中理论与实践脱节的不足，促进了理论知识的具体化和实际应用。

3. 实施方法

实践教学的实施方法多种多样，可以根据不同学科和教学目标进行选择和设计：

（1）**实验教学**：在科学类课程中，实验教学是重要的实践教学形式。通过实验，学生可以验证理论知识，观察和分析实验现象，培养科学探究精神和实验操作能力。

（2）**实习与实训**：实习和实训是将课堂教学与实际工作相结合的重要方式。通过在企业、科研机构等单位的实习和实训，学生可以了解和掌握实际工作中的流程和技能，积累工作经验。

（3）**项目研究**：项目研究是一种以问题为导向的实践教学方式。学生在教师的指导下，通过团队合作，进行实际问题的研究和解决，培养项目管理能力和研究能力。

（4）**社会调查**：社会调查是通过实地调查和数据分析，了解社会现象和问题的一种实践教学方式。学生可以在调查中学习和掌握数据收集和分析的方法，培养社会观察能力和研究能力。

二、社会实践活动

1. 概念

社会实践活动是指学生通过参与社会服务、志愿活动、社会调查等方式，走出校园，了解社会、服务社会的一种教育活动。它不仅是课堂教学的延伸，也是学生接触社会、了解社会、融入社会的重要途径。

2. 意义

社会实践活动具有重要的教育意义和社会意义：

（1）**增强社会责任感**：通过社会实践活动，学生可以了解社会的现实情况，增强社会责任感和服务意识，培养公民意识和社会责任感。

（2）**提高综合能力**：社会实践活动为学生提供了锻炼和展示综合能力的平台，包括沟通能力、组织能力、协调能力等，全面提升学生的综合素质。

（3）**促进价值观形成**：通过参与社会服务和志愿活动，学生可以接触不同的人群和社会现象，增强对社会的理解和感知，促进正确价值观和人生观的形成。

（4）**丰富人生经历**：社会实践活动为学生提供了丰富的人生经历，使他们在参与社会活动的过程中，增长见识，开阔视野，积累宝贵的社会经验。

3. 实施方法

社会实践活动的实施方法多种多样，可以根据不同的教育目标和社会需求进行设计和安排：

（1）**志愿服务**：志愿服务是社会实践活动的重要形式之一。学生可以通过参与社区服务、公益活动等志愿服务，服务社会、帮助他人，培养奉献精神和社会责任感。

（2）**社会调查**：社会调查是通过实地调查和数据分析，了解社会现象和问题的一种社会实践方式。学生可以通过社会调查，了解社会的现实情况，培养社会观察能力和研究能力。

（3）**公益活动**：公益活动是指以公益为目的的社会服务活动。学生可以通过参与环保活动、助残活动等公益活动，增强社会责任感和服务意识，培养公民意识和社会责任感。

（4）**实地考察**：实地考察是通过实地参观和考察，了解社会现象和问题的一种社会实践方式。学生可以通过实地考察，了解社会的现实情况，增强社会责任感和服务意识。

（5）**社会实践基地**：学校可以与企业、社区等单位合作，建立社会实践基地，为学生提供长期稳定的社会实践平台。学生可以在实践基地进行实习、实训、社会调查等活动，积累社会经验。

三、实践教学与社会实践活动的挑战

尽管实践教学与社会实践活动具有重要的教育意义和社会意义，但在实际实施过程中也面临一些挑战：

1.资源不足

实践教学和社会实践活动需要大量的资源支持，包括实验设备、实习基地、指导教师等。部分学校特别是农村和偏远地区的学校，资源相对不足，制约了实践教学和社会实践活动的开展。

2.时间安排紧张

学生的学习任务繁重，课业压力较大，实践教学和社会实践活动的时间安排较为紧张。如何合理安排时间，使学生既能完成学业任务，又能参与实践活动，是一个需要解决的问题。

3.师资力量不足

实践教学和社会实践活动需要教师具备丰富的实践经验和指导能力。部分学校特别是农村和偏远地区的学校，师资力量相对不足，影响了实践教学和社会实践活动的效果。

4.安全问题

实践教学和社会实践活动涉及学生的实际操作和外出活动，存在一定的安全风险。如何保障学生的安全，防范意外事故，是实践教学和社会实践活动中必须重视的问题。

实践教学与社会实践活动是现代教育的重要组成部分，对于提高学生的综合素质和社会责任感具有重要作用。通过多样化的实践教学方法和丰富的社会实践活动，学生可以将理论知识与实际操作相结合，增强知识的应用能力和实践能力，培养创新思维和综合素质。然而，在实际实施过程中，还需要克服资源不足、时间安排紧张、师资力量不足和安全问题等挑战，进一步完善实践教学和社会实践活动的机制和体系，推动教育事业的全面发展。

第四节 教学方法的多样化与效果评价

随着教育理念的不断更新和发展，教学方法的多样化已成为提高教育质量和教学效果的关键因素之一。多样化的教学方法不仅能够满足不同学生的学习需求，还能够激发学生的学习兴趣，促进他们的全面发展。与此同时，科学合理的教学效果评价体系对于检验教学方法的有效性和改进教学实践也具有重要意义。本节将详细介绍教学方法的多样化及其效果评价，分析其在现代教育中的应用和意义。

一、教学方法的多样化

1. 概念

教学方法的多样化是指在教学过程中，根据教学内容、学生特点和教学目标的不同，采用多种不同的教学方法和手段，以达到最佳教学效果的教育策略。多样化的教学方法不仅包括传统的讲授法、讨论法，还涵盖了现代教育技术手段，如多媒体教学、探究式学习、项目教学等。

2. 多样化教学方法的类型

（1）**讲授法**：讲授法是传统的教学方法之一，教师通过口头讲解向学生传授知识。这种方法适用于理论性较强的课程，但容易导致学生被动接受知识，缺乏互动。

（2）**讨论法**：讨论法通过师生之间、学生之间的互动交流，促进学生对知识的理解和掌握。讨论法能够激发学生的思维，培养他们的表达能力和合作精神。

（3）**探究式学习**：探究式学习是一种以问题为导向的教学方法，通过引导学生自主探究、发现和解决问题，培养他们的创新能力和独立思考能力。这种方法适用于科学课程和实验课程。

（4）**项目教学法**：项目教学法是通过学生自主选择和完成项目的方式进行

教学，强调学生在项目中学习和应用知识，培养他们的综合能力和实践能力。这种方法适用于跨学科课程和职业教育课程。

（5）**多媒体教学**：多媒体教学利用计算机、投影仪、互动白板等现代教育技术，通过图文并茂的方式展示教学内容，增强课堂的互动性和趣味性。这种方法适用于各类课程，特别是需要直观展示的课程。

（6）**合作学习**：合作学习是一种以小组合作为基础的教学方法，通过学生之间的互助合作，共同完成学习任务，培养他们的团队合作精神和社会交往能力。

（7）**翻转课堂**：翻转课堂是一种以学生自主学习为主，课堂讨论和问题解决为辅的教学模式。学生在课前通过视频、电子教材等资源进行自主学习，课堂上通过讨论、互动和实际操作巩固和深化知识。

3. 多样化教学方法的意义

（1）**满足学生多样化的学习需求**：不同的学生有不同的学习风格和学习需求，多样化的教学方法能够满足学生个性化的学习需求，提高他们的学习兴趣和积极性。

（2）**提高教学效果**：多样化的教学方法通过多感官刺激和多样化的学习活动，增强了学生对知识的理解和记忆，提高了教学效果。

（3）**培养学生的综合素质**：多样化的教学方法注重学生的全面发展，通过多种形式的教学活动，培养学生的创新能力、实践能力、团队合作精神和社会责任感。

（4）**促进教学改革**：多样化的教学方法推动了教学理念和教学模式的改革，有助于建立以学生为中心的教学体系，提升教育质量。

二、教学效果评价

1. 概念

教学效果评价是指对教学过程和结果进行系统的分析和评估，以判断教学方法的有效性和教学目标的实现程度。教学效果评价不仅包括对学生学业成绩的评定，还包括对学生综合素质和能力的评估，以及对教学过程的反馈和改进建议。

2. 教学效果评价的类型

（1）**形成性评价**：形成性评价是在教学过程中进行的持续性评价，通过对学生学习过程的观察和反馈，及时了解学生的学习状况和存在的问题，调整教学策略，改进教学方法。

（2）**终结性评价**：终结性评价是在教学活动结束后进行的综合性评价，通过考试、测验、论文等形式，评定学生对知识的掌握程度和能力的发展情况。

（3）**诊断性评价**：诊断性评价是在教学活动开始前进行的评价，通过测试和调查了解学生的知识基础和学习需求，为教学设计提供依据。

（4）**自我评价**：自我评价是指学生对自己的学习过程和结果进行反思和评估，培养他们的自我监控和自我管理能力。

（5）**同伴评价**：同伴评价是指学生之间相互评价，通过相互反馈和交流，促进他们的合作学习和共同进步。

（6）**教师评价**：教师评价是指教师对学生的学习表现进行评价，包括课堂表现、作业完成情况、学习态度等方面，全面了解学生的学习状况。

（7）**第三方评价**：第三方评价是指由教育专家、家长等外部人员对教学效果进行评价，提供客观的反馈和改进建议。

3. 教学效果评价的指标

教学效果评价应包括多方面的指标，以全面反映教学质量和学生发展情况：

（1）**学业成绩**：学业成绩是教学效果评价的重要指标，通过考试、测验等形式评定学生对知识的掌握程度和应用能力。

（2）**学习态度**：学习态度包括学生的学习兴趣、学习动机、学习习惯等方面，通过问卷调查、课堂观察等方式进行评估。

（3）**综合素质**：综合素质包括学生的创新能力、实践能力、团队合作精神、社会责任感等方面，通过项目展示、社会实践等活动进行评估。

（4）**教学过程**：教学过程包括教师的教学设计、教学实施、课堂管理、教学反馈等方面，通过课堂观察、教师自评等方式进行评估。

（5）**学习效果**：学习效果包括学生的知识掌握情况、能力发展情况、素质提升情况等方面，通过多种形式的评价手段进行综合评估。

4. 教学效果评价的方法

（1）**测验与考试**：测验与考试是常用的教学效果评价方法，通过书面测试、口头测试等形式评定学生对知识的掌握程度。

（2）**问卷调查**：问卷调查是通过设计问卷，收集学生、教师和家长对教学效果的反馈意见，了解教学过程中的问题和不足。

（3）**课堂观察**：课堂观察是通过观察记录课堂教学过程，评估教师的教学行为和学生的学习表现，发现教学中的亮点和问题。

（4）**访谈与座谈**：访谈与座谈是通过与学生、教师、家长进行面对面的交流，了解他们对教学效果的看法和建议，获取第一手评价信息。

（5）**作业与项目评估**：通过评估学生的作业、项目展示等实际成果，了解他们的知识应用能力和实践能力。

（6）**档案袋评价**：档案袋评价是通过收集学生的学习档案，如作业、测验成绩、项目成果等，进行系统的分析和评估，全面了解学生的学习过程和效果。

（7）**大数据分析**：利用现代信息技术，通过大数据分析学生的学习行为和学习效果，为教学评价提供科学依据。

5. 教学效果评价的意义

（1）**促进教学改进**：通过教学效果评价，可以发现教学中的问题和不足，提出改进建议，促进教学方法和教学策略的不断优化。

（2）**提升教学质量**：科学合理的教学效果评价可以帮助教师了解学生的学

习状况和需求，调整教学内容和进度，提高教学质量和效果。

（3）**促进学生发展**：教学效果评价不仅关注学生的学业成绩，还关注他们的综合素质和能力发展，促进学生的全面发展。

（4）**保障教育公平**：通过科学合理的评价体系，可以避免评价过程中的主观偏见和不公平现象，保障教育公平和学生的正当权益。

教学方法的多样化与效果评价是现代教育的重要课题，对于提高教学质量和学生综合素质具有重要意义。通过多样化的教学方法，可以满足学生的个性化学习需求，激发他们的学习兴趣，培养创新能力和综合素质。而科学合理的教学效果评价体系，则可以全面反映教学质量和学生发展情况，为教学改进和学生成长提供依据。未来，随着教育理念和技术的发展，教学方法的多样化和教学效果评价将不断完善和创新，为教育事业的发展注入新的活力。

第九章 小学道德与法治跨学科实践活动的组织与管理

第一节 小学道德与法治跨学科实践活动的目标与主题

　　小学道德与法治教育是培养学生良好品德、正确价值观和法治意识的重要课程。随着教育理念的不断更新，跨学科实践活动成为道德与法治教育的重要手段，通过将道德与法治知识融入其他学科的实践活动中，促进学生全面发展。本节将详细介绍小学道德与法治跨学科实践活动的目标与主题，探讨其在教学中的应用和意义。

一、跨学科实践活动的目标

1. 增强道德认知与行为

　　小学道德与法治跨学科实践活动的首要目标是增强学生的道德认知与行为能力。通过跨学科的综合实践，学生能够在真实的情境中理解道德规范和法律知识，并将其内化为行为准则。活动中，通过角色扮演、模拟法庭、社会调查等方式，学生可以体验和感知道德与法律的实际应用，培养遵纪守法的意识和行为习惯。

2. 促进价值观的形成与发展

　　跨学科实践活动为学生提供了接触多元价值观的机会，帮助他们在具体的社会情境中进行价值判断和选择。通过参与环保、公益、社区服务等活动，学生能够体验到关爱他人、服务社会的重要性，逐步形成正确的价值观和人生观。

活动中,通过合作与分享,学生学会尊重他人、理解差异,培养宽容和包容的品格。

3. 提升综合素质与能力

跨学科实践活动不仅关注学生的道德与法治素养,还注重提升他们的综合素质与能力。在活动中,学生需要进行调查研究、资料整理、报告撰写等多种任务,这些任务能够培养学生的观察能力、分析能力、表达能力和团队合作能力。通过实际操作和情境体验,学生的创新思维和解决问题的能力也得到了锻炼和提升。

4. 培养社会责任感与公民意识

跨学科实践活动旨在培养学生的社会责任感与公民意识,使他们成为具有社会责任感和法治精神的公民。通过参与社区服务、法律宣传、志愿活动等,学生可以了解社会问题,关注社会发展,增强社会责任感。活动中,通过讨论和交流,学生学会了如何在公共事务中表达意见、参与决策,增强了公民意识和参与能力。

5. 激发学习兴趣与主动性

跨学科实践活动通过丰富多样的形式和内容,激发了学生的学习兴趣与主动性。与单纯的课堂教学相比,实践活动更加生动、有趣,能够调动学生的积极性和主动性。学生在活动中主动探索、积极参与,增强了学习的动机和兴趣,形成了良好的学习习惯和态度。

二、跨学科实践活动的主题

1. 环境保护与可持续发展

环境保护是道德与法治教育的重要内容之一,通过跨学科实践活动,学生可以深入了解环境保护的重要性及其法律法规。在科学课上,学生可以学习环保知识,并通过实际调查了解社区环境问题。在美术课上,学生可以制作环保宣传海报,增强环保意识。在道德与法治课上,学生可以讨论环保法律法规,了解如何依法保护环境。

2. 社会公益与志愿服务

社会公益与志愿服务活动可以帮助学生理解奉献精神和社会责任感。学生可以参与社区清洁、养老院慰问、助残活动等志愿服务项目，通过亲身体验，理解关爱他人、服务社会的重要性。在活动中，学生学会了团队合作和沟通技巧，增强了社会责任感和公民意识。

3. 法治宣传与法律知识

法治宣传与法律知识教育是道德与法治课的重要内容。通过跨学科实践活动，学生可以深入了解法律知识及其实际应用。在语文课上，学生可以通过阅读法律故事、编写法律小剧本，增强法律意识。在社会课上，学生可以进行模拟法庭活动，体验法律程序，了解法律的公正与权威。

4. 传统文化与现代文明

传统文化与现代文明的融合是道德与法治教育的重要主题。学生可以通过跨学科实践活动，了解传统文化的精髓及其现代价值。在历史课上，学生可以学习传统节日、礼仪文化，并通过活动体验传统文化的魅力。在道德与法治课上，学生可以讨论如何在现代社会中传承和弘扬传统美德，增强文化自信。

5. 消费者权益与市场经济

消费者权益保护是现代社会的重要议题，通过跨学科实践活动，学生可以了解消费者权益及其法律保障。在数学课上，学生可以通过模拟购物、预算管理，了解合理消费的原则。在社会课上，学生可以进行市场调查，了解《消费者权益保护法》的具体内容和实际应用，增强维权意识。

6. 公共安全与应急管理

公共安全与应急管理是道德与法治教育的重要内容，通过跨学科实践活动，学生可以学习应急知识，增强安全意识。在科学课上，学生可以学习地震、火灾等灾害的应急处理方法，并进行演练。在道德与法治课上，学生可以讨论公共安全法律法规，了解如何在突发事件中保护自己和他人，增强应急能力。

三、跨学科实践活动的实施策略

1. 制定明确的目标与计划

跨学科实践活动的实施需要制定明确的目标和详细的计划。教师应根据学生的年龄特点和学习需求，设计适合的活动主题和内容，明确活动的目标和预期效果。同时，制定详细的活动计划，安排好活动的时间、地点、人员和资源，确保活动的顺利进行。

2. 注重多学科协同合作

跨学科实践活动需要多学科教师的协同合作。各学科教师应共同参与活动的设计和实施，发挥各自的专业优势，提供丰富的教学资源和指导。通过多学科的协同合作，形成教学合力，提升活动的效果和质量。

3. 强化学生的主体地位

在跨学科实践活动中，应注重强化学生的主体地位，鼓励学生自主参与、积极探索。教师应给予学生充分的自主权和选择权，尊重学生的意见和建议，激发他们的主动性和创造性。通过小组合作、任务分工等方式，培养学生的团队合作精神和责任感。

4. 加强过程指导与评价

跨学科实践活动需要加强过程指导与评价。教师应在活动的各个环节进行有效的指导，帮助学生解决问题，提供必要的支持。同时，建立科学合理的评价体系，对学生的参与态度、活动表现和学习效果进行综合评价。通过多元化的评价手段，如观察记录、学生自评、同伴互评等，全面了解学生的发展情况，及时反馈和改进。

5. 注重活动的安全管理

跨学科实践活动的实施需要注重学生的安全管理。教师应在活动前进行安全教育，告知学生活动中的安全注意事项，确保活动的安全进行。活动中，教师应随时关注学生的动态，及时处理突发情况，保障学生的人身安全。

　　小学道德与法治跨学科实践活动是提升学生道德素养、法治意识和综合素质的重要途径。通过明确的目标、丰富的主题和有效的实施策略，跨学科实践活动能够将道德与法治教育与其他学科有机结合，促进学生的全面发展。在实施过程中，教师应注重多学科协同合作，强化学生的主体地位，加强过程指导与评价，确保活动的安全和效果。未来，随着教育理念和技术的发展，跨学科实践活动将不断创新和完善，为道德与法治教育注入新的活力，推动教育事业的持续发展。

第二节 小学道德与法治跨学科实践活动的设计与实施

小学道德与法治教育是培养学生良好品德、正确价值观和法治意识的重要课程。随着教育理念的不断更新和发展，跨学科实践活动成为了道德与法治教育的重要手段。通过将道德与法治知识融入其他学科的实践活动中，能够促进学生的全面发展。本节将详细介绍小学道德与法治跨学科实践活动的设计与实施，探讨其在教学中的应用和意义。

一、跨学科实践活动的设计原则

1. 目标导向

跨学科实践活动的设计应以明确的教育目标为导向。首先，需要明确道德与法治教育的核心目标，即培养学生的道德素养、法治意识和社会责任感。其次，根据学科特点和学生实际情况，设定具体的活动目标，如提高学生的合作能力、创新思维和实践能力等。

2. 学科融合

跨学科实践活动的设计应注重学科融合，通过将道德与法治教育与其他学科内容有机结合，形成综合性、互动性强的实践活动。不同学科之间的知识和技能互补，可以丰富活动内容，增强学生的学习体验。

3. 学生为主体

在跨学科实践活动的设计中，应以学生为主体，注重学生的参与和体验。活动设计应充分考虑学生的兴趣和需求，鼓励学生自主探索和合作学习，激发他们的学习动机和积极性。

4. 实际应用

跨学科实践活动的设计应注重实际应用，通过真实情境和任务，让学生在实际操作中学习和掌握知识与技能。活动内容应与学生的生活实际紧密联系，使他们能够在实践中感知和理解道德与法治的意义。

5. 可操作性

跨学科实践活动的设计应注重可操作性，确保活动内容和形式适合小学生的认知水平和实际能力。活动方案应具体、详细，具有可行性和操作性，便于教师实施和学生参与。

二、跨学科实践活动的主题设计

1. 环境保护主题

环境保护是道德与法治教育的重要内容之一。可以设计以"保护环境，从我做起"为主题的跨学科实践活动。例如，在科学课上，学生可以学习环保知识，进行环保实验；在美术课上，学生可以制作环保宣传海报；在道德与法治课上，学生可以讨论环保法律法规，撰写环保建议书。

2. 社会公益主题

社会公益与志愿服务是培养学生社会责任感的重要途径。可以设计以"奉献爱心，服务社会"为主题的跨学科实践活动。例如，在语文课上，学生可以阅读关于志愿服务的文章，写作志愿服务心得；在体育课上，学生可以组织社区清洁活动；在道德与法治课上，学生可以讨论公益活动的意义，制定志愿服务计划。

3. 法治宣传主题

法治宣传与法律知识教育是道德与法治课的重要内容。可以设计以"学法、知法、守法、用法"为主题的跨学科实践活动。例如，在历史课上，学生可以学习法律发展史，了解重要法律案例；在信息技术课上，学生可以制作法治宣传视频；在道德与法治课上，学生可以进行模拟法庭活动，体验法律程序。

4. 传统文化主题

传统文化与现代文明的融合是道德与法治教育的重要主题。可以设计以"传承文化，弘扬美德"为主题的跨学科实践活动。例如，在音乐课上，学生可以学习传统音乐和舞蹈；在语文课上，学生可以阅读和背诵传统诗词；在道德与法治课上，学生可以讨论传统美德的现代价值，进行文化传承的社会调查。

5. 安全教育主题

公共安全与应急管理是道德与法治教育的重要内容。可以设计以"安全第一，防患未然"为主题的跨学科实践活动。例如，在体育课上，学生可以进行应急救护训练；在科学课上，学生可以学习地震、火灾等灾害的应急处理方法；在道德与法治课上，学生可以讨论安全法律法规，制定校园安全手册。

三、跨学科实践活动的实施步骤

1. 计划制定

在实施跨学科实践活动之前，教师需要制定详细的活动计划。计划应包括活动主题、目标、内容、时间、地点、人员、资源等具体内容。教师可以根据学生的年龄特点和学习需求，设计适合的活动方案，确保活动有序进行。

2. 资源准备

在实施跨学科实践活动之前，教师需要准备好所需的资源和材料。包括活动所需的教材、教具、实验设备、宣传材料等。同时，教师还需要与相关单位或机构进行联系，确保活动的顺利开展。

3. 活动实施

在实施跨学科实践活动过程中，教师应注重学生的主体地位，鼓励学生积极参与、自主探索。教师应及时提供指导和帮助，确保活动的顺利进行。在活动过程中，教师应注重学生的安全管理，确保活动安全有序进行。

4. 过程指导

在活动实施过程中，教师应对学生进行适时的过程指导，帮助学生解决遇到的问题和困难。教师应关注学生的参与情况和活动表现，及时提供反馈和建议，促进学生的学习和发展。

5. 总结评价

在活动结束后，教师应对跨学科实践活动进行总结和评价。总结活动的成果和经验，分析存在的问题和不足，为今后的活动提供参考和改进建议。教师可以通过学生自评、同伴互评、教师评价等多种方式，对学生的表现进行综合评价，全面了解学生的发展情况。

四、跨学科实践活动的评价方法

1. 形成性评价

形成性评价是在活动过程中进行的持续性评价，通过对学生参与情况、表现和进步的观察和记录，及时了解学生的学习状况和存在的问题，提供指导和反馈，促进学生的学习和发展。

2. 终结性评价

终结性评价是在活动结束后进行的综合性评价，通过总结活动成果，评定学生的表现和学习效果。可以通过学生的作品展示、活动报告、总结发言等形式，全面评估学生的学习成果和发展情况。

3. 自我评价

自我评价是指学生对自己的参与情况和表现进行反思和评估，培养他们的自我监控和自我管理能力。通过自我评价，学生可以了解自己的优点和不足，明确今后的努力方向。

4. 同伴互评

同伴互评是指学生之间相互评价，通过相互反馈和交流，促进他们的合作学习和共同进步。通过同伴互评，学生可以学会客观、公正地评价他人，增强合作意识和团队精神。

5. 教师评价

教师评价是指教师对学生的参与情况和表现进行评价，包括课堂表现、活动参与度、合作能力等方面。通过教师评价，学生可以了解自己的学习状况和发展情况，获得教师的指导和建议。

6. 多元化评价

多元化评价是指通过多种方式和手段对学生的表现进行综合评价，如观察记录、作品展示、问卷调查、访谈交流等。通过多元化评价，可以全面了解学生的发展情况，为教学改进和学生成长提供科学依据。

第三节 小学道德与法治跨学科实践活动中的教师角色

在小学道德与法治跨学科实践活动中，教师的角色至关重要。他们不仅是知识的传授者，更是活动的设计者、引导者、支持者和评价者。教师在跨学科实践活动中承担着多重角色，发挥着多方面的作用。本节将详细探讨小学道德与法治跨学科实践活动中教师的角色及其具体职责。

一、教师作为设计者

1. 确定活动目标

教师首先需要明确跨学科实践活动的教育目标。这些目标应涵盖道德与法治教育的核心内容，如培养学生的道德素养、法治意识、社会责任感以及综合素质。教师应根据学生的年龄特点和实际情况，制定具体的、可操作的目标。

2. 设计活动方案

教师需要设计详细的活动方案，包括活动主题、内容、形式、时间安排、资源准备等。活动方案应体现学科融合的理念，结合不同学科的知识和技能，设计综合性、互动性强的实践活动。教师应确保方案具有可操作性和安全性。

3. 选择和整合资源

教师需要选择和整合适合活动的教学资源，包括教材、教具、实验设备、信息资料等。同时，教师还需要与其他学科的教师、社区资源、家长等合作，获取更多的支持和资源，确保活动的顺利开展。

二、教师作为引导者

1. 激发学生兴趣

教师在活动开始前，应通过多种方式激发学生的兴趣和积极性。例如，通过讨论、视频、案例分析等方式，引导学生思考活动的意义和目标，激发他们的参与热情。

2. 提供指导与支持

在活动过程中，教师应给予学生适时的指导和支持。教师需要帮助学生理解活动任务，掌握相关知识和技能，并在活动过程中提供必要的帮助和指导。教师应鼓励学生自主探究、合作学习，培养他们的独立思考和解决问题的能力。

3. 引导反思与讨论

在活动过程中和结束后，教师应引导学生进行反思和讨论。通过反思和讨论，学生可以总结活动的经验和收获，发现问题和不足，提出改进建议。教师应引导学生思考活动的意义和价值，促进他们对道德与法治的深刻理解和内化。

三、教师作为支持者

1. 创设良好氛围

教师应创设良好的学习氛围，鼓励学生积极参与、自由表达、合作交流。教师应尊重学生的意见和建议，给予他们充分的自主权和选择权，使学生在活动中感受到尊重和信任。

2. 提供资源支持

教师应为学生提供丰富的资源支持，包括教材、教具、信息资料等。同时，教师应积极利用学校、社区、家庭等多方面的资源，为学生提供更多的学习机会和实践平台。

3. 解决实际问题

在活动过程中，学生可能会遇到各种实际问题和困难。教师应及时发现并帮助学生解决这些问题，提供必要的支持和帮助。教师应关注每个学生的学习需求和发展情况，给予个性化的指导和支持。

四、教师作为评价者

1. 制定评价标准

教师应制定科学合理的评价标准，对学生的表现进行全面评价。评价标准应涵盖学生的知识掌握情况、技能发展情况、态度和行为表现等方面。教师应根据活动的具体情况，制定具体的、可操作的评价标准。

2. 多元化评价方法

教师应采用多元化的评价方法，对学生的表现进行综合评价。包括形成性评价和终结性评价、自我评价和同伴互评、教师评价和外部评价等。通过多元化的评价方法，可以全面了解学生的学习情况和发展情况，促进他们的全面发展。

3. 反馈与改进

教师应及时向学生反馈评价结果，帮助他们发现优点和不足，提出改进建议。教师应鼓励学生根据评价结果，反思和改进自己的学习和行为，不断提高和发展。通过反馈与改进，教师可以不断优化活动设计和实施，提高活动的效果和质量。

五、教师作为合作者

1. 跨学科教师合作

在跨学科实践活动中，教师需要与其他学科的教师密切合作。跨学科教师应共同参与活动的设计和实施，发挥各自的专业优势，提供丰富的教学资源和指导。通过跨学科合作，可以形成教学合力，提升活动的效果和质量。

2. 家校合作

教师应积极与家长合作，争取家长的支持和参与。教师可以通过家长会、家校通等方式，与家长沟通活动的目标和内容，邀请家长参与活动，提供资源和帮助。家校合作可以增强活动的影响力和效果，促进学生的全面发展。

3. 社区资源合作

教师应积极利用社区资源，与社区机构、企业、志愿者组织等合作。通过与社区资源的合作，可以为学生提供更多的学习机会和实践平台，增强活动的真实性和实效性。教师应主动联系和协调社区资源，争取更多的支持和帮助。

在小学道德与法治跨学科实践活动中，教师的角色是多重的、复杂的。通过充分发挥教师的多重角色，可以有效提升跨学科实践活动的效果，促进学生的全面发展，培养他们的道德素养、法治意识和综合素质。未来，随着教育理念和技术的发展，教师在跨学科实践活动中的角色将不断丰富和创新，为教育事业的发展注入新的活力。

第四节 学生在跨学科实践活动中的角色

在小学道德与法治跨学科实践活动中，学生是活动的主体。他们不仅是知识的接受者，更是活动的参与者、探索者、合作者和反思者。学生在跨学科实践活动中的角色至关重要，他们通过积极参与活动，能够获得全面的发展和成长。本节将详细探讨学生在跨学科实践活动中的多重角色及其具体职责。

一、学生作为活动的参与者

1. 主动参与

在跨学科实践活动中，学生应主动参与各项活动，积极投入，发挥主观能动性。学生的主动参与是活动成功的关键，通过积极参与，学生可以体验活动的全过程，获得实践经验和知识。

2. 积极互动

学生在活动中应积极与教师、同学互动，充分表达自己的意见和建议。通过互动，学生可以分享自己的见解和经验，丰富活动内容，提升活动效果。积极互动还可以培养学生的沟通能力和团队合作精神。

3. 认真执行

学生在活动中应认真执行各项任务，按照活动要求完成各项工作。无论是调查研究、实验操作还是创意制作，学生都应保持认真负责的态度，确保活动任务的顺利完成。

二、学生作为知识的探索者

1. 自主探究

在跨学科实践活动中，学生应发挥自主探究的精神，主动发现问题，提出问题，并积极寻找解决问题的方法。通过自主探究，学生可以培养独立思考和解决问题的能力，增强创新意识和实践能力。

2. 探索未知

学生在活动中应勇于探索未知领域，敢于尝试新方法、新思路。通过探索未知，学生可以拓宽知识面，培养好奇心和求知欲，提升综合素质和能力。

3. 学习反思

学生在活动中应注重学习反思，总结活动中的经验和教训。通过反思，学生可以发现自身的不足和改进之处，不断提高和完善自己。学习反思是学生成长的重要途径，有助于他们在未来的学习和生活中取得更大的进步。

三、学生作为合作的合作者

1. 团队合作

在跨学科实践活动中，学生需要进行团队合作，共同完成任务。学生应与同学密切合作，分工协作，发挥各自的特长和优势，形成团队合力。团队合作可以培养学生的合作意识和团队精神，提升人际交往能力。

2. 互助学习

学生在活动中应互相帮助，互相学习，共同进步。通过互助学习，学生可以共享知识和经验，取长补短，提升学习效果。互助学习还可以增强同学之间的友谊和信任，营造和谐的学习氛围。

3. 解决冲突

在团队合作中，学生难免会遇到意见分歧和冲突。学生应学会解决冲突，通过沟通和协调，达成共识，共同推进活动的顺利进行。解决冲突的过程是学生成长的重要环节，有助于他们提升情商和社交能力。

四、学生作为活动的反思者

1. 活动总结

在活动结束后，学生应对活动进行全面总结，梳理活动的过程和成果。通过总结，学生可以发现活动中的亮点和不足，明确今后的努力方向。活动总结是学生反思的重要环节，有助于他们在未来的活动中取得更好的成绩。

2. 自我评价

学生应对自己的表现进行自我评价，客观、公正地评估自己的优点和不足。通过自我评价，学生可以了解自己的发展情况，明确自身的优势和劣势，制定个人改进计划。自我评价可以培养学生的自我认知和自我管理能力。

3. 反思改进

学生在反思中应提出改进建议，积极改进自身的不足和问题。通过反思改进，学生可以不断提高和完善自己，提升综合素质和能力。反思改进是学生成长和进步的重要途径，有助于他们在未来的学习和生活中取得更大的成就。

五、学生作为学习的主人

1. 自主学习

在跨学科实践活动中，学生应发挥自主学习的主动性和积极性，主动获取知识和技能。学生应根据自己的兴趣和需求，自主选择学习内容和学习方式，提升学习效果和效率。自主学习可以培养学生的自学能力和终身学习的意识。

2. 创新实践

学生在活动中应注重创新实践，勇于尝试新方法、新思路，敢于创新和突破。通过创新实践，学生可以培养创新意识和实践能力，提升综合素质和能力。创新实践是学生发展的重要途径，有助于他们在未来的学习和工作中取得更大的成就。

3. 持续发展

学生应注重持续发展，不断提高和完善自己。在活动结束后，学生应继续学习和实践，不断提升知识水平和能力素质。持续发展是学生成长和进步的重要途径，有助于他们在未来的学习和生活中取得更大的成功。

在小学道德与法治跨学科实践活动中，学生是活动的主体，承担着多重角色。作为参与者，学生应主动参与、积极互动、认真执行；作为探索者，学生应自主探究、探索未知、学习反思；作为合作者，学生应团队合作、互助学习、解决冲突；作为反思者，学生应活动总结、自我评价、反思改进；作为学习的主人，学生应自主学习、创新实践、持续发展。通过充分发挥学生的多重角色，可以有效提升跨学科实践活动的效果，促进学生的全面发展，培养他们的道德素养、法治意识和综合素质。未来，随着教育理念和技术的发展，学生在跨学科实践活动中的角色将不断丰富和创新，为教育事业的发展注入新的活力。

第五节 小学道德与法治跨学科实践活动的评估与改进

评估与改进是小学道德与法治跨学科实践活动的重要环节，通过系统的评估可以了解活动的实施效果，发现存在的问题，并为改进提供依据。科学合理的评估与改进措施，能够提升活动质量，促进学生的全面发展。本节将详细探讨小学道德与法治跨学科实践活动的评估与改进方法，分析其在教学中的应用和意义。

一、评估的原则

1. 全面性

评估应涵盖跨学科实践活动的各个方面，包括活动目标、实施过程、学生表现、活动效果等。全面的评估能够提供完整的活动数据和信息，为改进提供可靠依据。

2. 多元性

评估方法应多元化，结合定量与定性评估，通过问卷调查、观察记录、访谈、测验等多种手段，全面了解活动的各个方面。多元化的评估方法能够提供更为丰富和深入的评估结果。

3. 客观性

评估应坚持客观、公正的原则，避免主观偏见，确保评估结果的真实性和可靠性。评估过程中应严格遵循评估标准和程序，确保评估结果的科学性和公平性。

4. 持续性

评估应是一个持续的过程，通过不断的评估和反馈，及时发现和解决问题，推动活动的持续改进和优化。持续的评估能够动态跟踪活动进展，及时调整和改进活动方案。

二、评估的方法

1. 形成性评估

形成性评估是在活动过程中进行的持续性评估，通过对学生参与情况、表现和进步的观察与记录，及时了解学生的学习状况和存在的问题，提供指导和反馈，促进学生的学习和发展。

观察记录：教师通过观察学生在活动中的表现，记录他们的参与度、合作能力、问题解决能力等情况，了解学生的实际表现。

课堂讨论：通过课堂讨论，了解学生对活动内容的理解和掌握情况，发现他们在活动中遇到的问题和困难，提供针对性的指导和帮助。

阶段性测验：在活动的不同阶段进行测验，评估学生对活动内容的掌握情况，及时发现和解决存在的问题。

2. 终结性评估

终结性评估是在活动结束后进行的综合性评估，通过总结活动成果，评定学生的表现和学习效果。

问卷调查：设计针对性的问卷，收集学生、教师和家长对活动的评价和意见，了解活动的实施效果和存在的问题。

学生作品展示：通过展示学生在活动中完成的作品，如报告、模型、海报等，评估他们的学习成果和创新能力。

总结报告：学生撰写活动总结报告，回顾活动的过程和收获，反思自己的表现和不足，教师进行评阅和反馈。

3. 自我评估与同伴互评

自我评估与同伴互评是评估的重要组成部分，通过自我反思和同伴评价，学生可以全面了解自己的表现，发现优点和不足，明确今后的努力方向。

自我评估：学生对自己的参与情况和表现进行反思和评估，填写自我评估表，记录自己的优点和不足，提出改进建议。

同伴互评：学生之间相互评价，通过同伴互评表或讨论交流，了解他人对自己的评价和建议，促进合作学习和共同进步。

4. 教师评估与第三方评估

教师评估与第三方评估是评估的重要保障，通过教师的专业评估和外部专家的客观评价，确保评估结果的公正性和科学性。

教师评估：教师根据学生在活动中的表现，结合观察记录、测验结果、学生作品等，进行综合评估，填写评估表，提供详细的反馈和建议。

第三方评估：邀请教育专家、家长代表等外部人员参与评估，通过观摩活动、查阅资料、访谈交流等方式，提供客观的评价和改进建议。

三、改进的策略

1. 数据分析与反馈

通过系统的评估，收集和整理活动的各项数据，进行全面分析，发现活动中的优点和不足。教师应及时将评估结果反馈给学生和相关人员，促进改进和提高。

数据整理与分析：将评估数据进行整理和分析，形成详细的评估报告，明确活动的成效和存在的问题。

反馈交流：将评估结果反馈给学生、教师和家长，进行讨论和交流，听取各方的意见和建议，形成改进方案。

2. 优化活动设计

根据评估结果，对活动设计进行优化和调整，确保活动更加符合学生的实际需求和学习特点，提升活动的效果和质量。

调整活动目标：根据学生的实际情况，调整活动目标，使其更加具体、可操作，符合学生的认知水平和发展需求。

优化活动内容：根据评估结果，优化活动内容，增加学生感兴趣的内容，删减或调整难度过高的内容，确保活动内容的适切性和可行性。

改进教学方法：根据学生的反馈和教师的观察，改进教学方法，增加互动性和参与度，提升学生的学习体验和效果。

3. 加强教师培训

教师是跨学科实践活动的关键执行者，加强教师的专业培训和能力提升，是保证活动质量的重要措施。

专业培训：定期组织教师参加专业培训，学习跨学科教学方法和实践活动设计，提高教师的专业水平和教学能力。

经验交流：组织教师进行经验交流，分享成功经验和教训，互相学习和借鉴，提升整体教学水平。

实践指导：邀请教育专家进行现场指导和评估，为教师提供专业的建议和支持，帮助他们改进教学方法和活动设计。

4. 增强家校合作

家长是学生学习的重要支持者，增强家校合作，可以提升活动的效果和影响力。

家长参与：邀请家长参与活动的设计和实施，了解活动的目标和内容，提供资源和帮助，增强活动的实际效果。

沟通交流：加强与家长的沟通和交流，及时反馈学生在活动中的表现和进步，听取家长的意见和建议，共同促进学生的发展。

家庭支持：鼓励家长在家庭中支持和配合活动的开展，营造良好的学习氛围，增强活动的实效性和持续性。

5. 利用社区资源

社区资源是跨学科实践活动的重要支持，充分利用社区资源，可以为活动提供更多的学习机会和实践平台。

社区合作：加强与社区机构、企业、志愿者组织等的合作，争取更多的支持和帮助，为学生提供丰富的实践机会和资源。

社会实践：组织学生进行社会实践活动，如社区服务、环保行动、社会调查等，增强活动的真实性和实效性。

资源整合：整合社区资源，建立长期稳定的合作机制，为活动的持续开展提供保障和支持。

评估与改进是小学道德与法治跨学科实践活动的重要环节，通过系统的评估，可以全面了解活动的实施效果，发现存在的问题，并为改进提供依据。科学合理的评估方法，包括形成性评估、终结性评估、自我评估与同伴互评、教师评估与第三方评估，能够提供全面的评估结果，为改进活动提供可靠依据。通过数据分析与反馈、优化活动设计、加强教师培训、增强家校合作和利用社区资源等改进措施，可以不断提升活动的质量，促进学生的全面发展。未来，随着教育理念和技术的发展，跨学科实践活动的评估与改进将不断完善和创新，为道德与法治教育注入新的活力，推动教育事业的持续发展。

第十章 多课程融合的课堂实践

第一节 横向课程融合的策略与方法

横向课程融合是指在教学过程中，通过将不同学科的知识和技能有机结合，形成综合性、跨学科的学习活动，以促进学生的全面发展。横向课程融合不仅可以丰富教学内容，增强学生的学习体验，还能够培养他们的综合素质和创新能力。本节将详细探讨横向课程融合的策略与方法，分析其在教学中的应用和意义。

一、横向课程融合的意义

1. 丰富教学内容

通过横向课程融合，可以将不同学科的知识和技能整合在一起，形成更加丰富和多样化的教学内容。这不仅能够激发学生的学习兴趣，还可以帮助他们建立全面的知识体系，增强学习的深度和广度。

2. 培养综合素质

横向课程融合注重培养学生的综合素质，通过跨学科的学习活动，学生可以发展多方面的能力，如创新思维、合作能力、问题解决能力等。这样可以更好地应对未来的挑战，促进学生的全面发展。

3. 提升教学效果

通过横向课程融合，可以增强教学的互动性和实践性，使学生在真实的情境中应用所学知识，提升学习效果。学生不仅能够更好地理解和掌握知识，还可以通过实际操作和体验，增强对知识的应用能力。

二、横向课程融合的策略

1. 明确融合目标

在进行横向课程融合前，教师应明确融合的目标，包括知识目标、能力目标和素质目标。明确的目标可以指导课程设计和实施，确保课程融合的有效性和针对性。

2. 选择适合的学科

在进行横向课程融合时，应选择适合的学科进行整合。不同学科之间应具有一定的关联性和互补性，可以在知识和技能上形成有机的结合，促进学生的综合学习。

3. 设计融合课程

教师应根据融合目标和学科特点，设计具体的融合课程。融合课程应具有综合性和实践性，注重学科之间的联系和知识的应用。课程设计应体现多样化的学习方式，如项目学习、探究式学习等。

4. 培养教师团队

横向课程融合需要多学科教师的合作与支持。学校应组织教师团队进行培训和交流，提升教师的跨学科教学能力和合作意识。通过教师团队的共同努力，形成良好的课程融合氛围。

5. 利用信息技术

信息技术是实现课程融合的重要工具。通过信息技术，可以整合和共享多学科的教学资源，促进学生的自主学习和合作学习。教师应充分利用信息技术，提升课程融合的效果和效率。

三、横向课程融合的方法

1. 项目学习法

项目学习法是一种以项目为中心的教学方法，通过让学生参与实际项目，培养他们的综合能力和解决问题的能力。在横向课程融合中，可以设计跨学科的项目，让学生在完成项目的过程中，综合运用不同学科的知识和技能。

实例：设计一个环保项目，让学生在科学课上学习环保知识，在社会课上进行社区调查，在美术课上制作环保宣传海报，在道德与法治课上讨论环保法律法规，最终形成一个完整的环保行动计划。

2. 探究式学习法

探究式学习法是一种以问题为导向的教学方法，通过引导学生自主探究、发现和解决问题，培养他们的探究精神和创新能力。在横向课程融合中，可以设计跨学科的探究问题，让学生在探究过程中，综合运用不同学科的知识和技能。

实例：设计一个关于水资源管理的探究问题，让学生在地理课上学习水资源分布，在科学课上进行水质检测实验，在社会课上调查水资源使用情况，在道德与法治课上讨论水资源管理的法律法规，最终提出改善水资源管理的建议。

3. 案例教学法

案例教学法是一种通过分析和讨论实际案例，培养学生分析问题和解决问题能力的教学方法。在横向课程融合中，可以选择跨学科的实际案例，让学生通过案例分析，综合运用不同学科的知识和技能，提出解决方案。

实例：选择一个食品安全的案例，让学生在生物课上学习食品安全的科学知识，在社会课上调查食品安全的社会现象，在信息技术课上设计食品安全的宣传网站，在道德与法治课上讨论食品安全的法律法规，最终形成一个食品安全的综合报告。

4. 主题单元法

主题单元法是一种以特定主题为中心，整合多学科内容的教学方法。在横向课程融合中，可以选择跨学科的主题单元，通过多学科的教学活动，全面探讨和理解主题内容。

实例：选择"健康生活"作为主题单元，让学生在体育课上学习健康锻炼的方法，在科学课上学习营养知识，在信息技术课上设计健康生活的电子手册，在道德与法治课上讨论健康生活的法律法规，通过多学科的教学活动，全面理解和实践健康生活的理念。

5. 模拟实践法

模拟实践法是一种通过模拟实际情境，进行实践操作的教学方法。在横向课程融合中，可以设计跨学科的模拟实践活动，让学生在模拟实践中，综合运用不同学科的知识和技能。

实例：设计一个模拟联合国会议的实践活动，让学生在历史课上学习联合国的历史和组织结构，在地理课上了解各国的地理和经济情况，在英语课上进行会议发言和辩论，在道德与法治课上讨论国际法和人权问题，通过模拟联合国会议，培养学生的综合素质和国际视野。

四、横向课程融合的实施步骤

1. 准备阶段

在实施横向课程融合前，教师应进行充分的准备工作，包括确定融合目标、选择适合的学科、设计融合课程、组织教师团队、准备教学资源等。准备阶段的充分与否，直接影响到课程融合的效果和质量。

2. 实施阶段

在实施横向课程融合过程中，教师应注重教学过程的组织和管理，确保学生的积极参与和自主学习。教师应提供适时的指导和支持，帮助学生解决遇到的问题和困难，促进他们的学习和发展。

3. 评估阶段

在课程融合结束后，教师应对课程实施效果进行评估，了解学生的学习情况和发展情况。评估应包括多方面的内容，如学生的知识掌握情况、技能发展情况、综合素质提升情况等。通过评估，发现课程实施中的优点和不足，提出改进建议。

4. 反馈与改进阶段

根据评估结果，教师应及时向学生和相关人员反馈，促进改进和提高。教师应根据评估结果，优化课程设计和教学方法，不断提升课程融合的效果和质量。

横向课程融合是现代教育的重要趋势，通过将不同学科的知识和技能有机结合，可以丰富教学内容，培养学生的综合素质和创新能力。横向课程融合需要明确的目标、适合的学科选择、科学的课程设计、多学科教师的合作和信息技术的支持。通过项目学习法、探究式学习法、案例教学法、主题单元法和模拟实践法等多种方法，可以有效实现课程融合的目标。未来，随着教育理念和技术的发展，横向课程融合将不断创新和完善，为教育事业的发展注入新的活力，推动学生的全面发展和终身学习。

第二节 纵向课程融合的策略与方法

纵向课程融合是一种将不同年级和学科内容整合起来，以促进学生全面发展的教育策略。在小学道德与法治课程中，通过五育（德、智、体、美、劳）的融合和跨学科学习，可以提高学生的综合素质。以下是具体策略与方法：

一、纵向课程融合策略

1. 课程内容的连贯性设计

在设计课程时，确保低年级和高年级内容的连贯性和递进性。低年级侧重基础知识的培养，高年级则逐步深化，增加实践和应用。

2. 项目式学习（PBL）

通过项目式学习，将不同年级的学生组织在一起，共同完成一个涉及道德与法治的项目。例如，低年级学生可以负责收集资料，高年级学生可以进行分析和展示。

3. 主题教学

根据不同学期或学年的主题，将道德与法治课程内容进行整合。例如，以"诚信"为主题，不同年级分别从不同角度进行探讨和实践。

二、五育融合策略

1. 德育与智育

在教授道德与法治知识时，注重学生的逻辑思维和判断力的培养。例如，通过讨论社会热点问题，培养学生的批判性思维。

2. 体育与德育

通过体育活动，如团队合作游戏，培养学生的团队精神和道德品质。同时，结合体育课中的规则教育，加强学生对法治观念的理解。

3. 美育与德育

通过艺术作品（如绘画、音乐）展示道德与法治的主题，增强学生对美和道德的理解。鼓励学生用艺术作品表达他们对道德和法治的认识。

4. 劳动教育与德育

组织学生参与社区服务和学校劳动实践活动，在实际行动中体会道德和法治的重要性。例如，通过清洁校园活动，培养学生的责任感和公德心。

三、跨学科学习方法

1. 跨学科主题活动

结合道德与法治课程，设计跨学科主题活动。如环保主题，可以结合科学、地理等学科，进行全面的探讨和实践。

2. 综合实践活动课程

将道德与法治课程内容融入综合实践活动课程中。例如，通过模拟法庭活动，让学生从实践中理解法律和道德的关系。

3. STEAM 教育

将科学、技术、工程、艺术、数学和道德与法治课程结合，培养学生的综合能力。例如，通过设计一个智能环保装置，结合道德与法治内容，探讨环保的重要性和法律法规。

通过这些策略和方法，可以有效地将小学道德与法治课程与其他学科融合，进行跨学科学习，促进学生的全面发展。

第三节 多课程融合的挑战与应对

多课程融合在教育中具有重要意义，但也面临着诸多挑战。以下是详细分析多课程融合的主要挑战及相应的应对策略：

一、挑战

1. 教师的专业素养和协调能力

挑战： 教师需要具备多学科的知识背景和协调能力，这对于很多只专注于单一学科的教师来说是一大挑战。

应对策略：

教师培训：定期组织多学科教师的联合培训，提升教师的跨学科教学能力。

团队协作：建立教师协作团队，通过集体备课、共同讨论教学策略等方式，提高协调效率。

2. 课程内容整合的难度

挑战： 不同学科的教学目标、内容和方法各异，如何有机地整合这些内容是一个复杂的问题。

应对策略：

课程设计：聘请具有跨学科背景的专家参与课程设计，确保内容的科学性和连贯性。

模块化教学：将课程内容按主题或项目进行模块化设计，使不同学科的内容可以灵活地整合。

3. 教学资源的匮乏

挑战： 多课程融合需要丰富的教学资源，但很多学校在这方面存在不足。

应对策略：

资源共享：建立校际或区域性的资源共享平台，实现教学资源的互通有无。

开发新资源：鼓励教师和学生共同开发适用于多课程融合的教学资源，如多媒体课件、项目案例等。

4. 评价体系的不完善

挑战：传统的评价体系往往难以全面衡量多课程融合的教学效果。

应对策略：

多元评价：建立包括过程评价、项目评价、学生自评和互评在内的多元评价体系。

评价标准：制定具体的多课程融合教学评价标准，明确各方面的评价指标和权重。

5. 学生的适应能力

挑战：学生习惯于传统的单学科教学模式，多课程融合可能会导致一部分学生难以适应。

应对策略：

引导过渡：在课程初期给予学生充分的适应时间，通过逐步增加跨学科内容的方式引导学生过渡。

个性化支持：针对存在不同困难的学生提供个性化的学习支持，如辅导、学习小组等。

二、应对措施的具体实施

1. 教师专业发展计划

设立教师跨学科培训项目，定期邀请专家进行讲座和工作坊。

建立教师交流平台，促进不同学科教师之间的经验分享和资源共享。

2. 课程整合的科学设计

在课程设计阶段，充分考虑不同学科的教学目标和内容，确保整合后的课程具有连贯性和系统性。

开展跨学科项目学习，设计具体的项目活动，使学生在解决实际问题的过程中自然地接触和应用不同学科的知识。

3. 丰富教学资源

积极与教育资源供应商合作，引进适用于多课程融合的教材、教具和多媒体资源。

鼓励教师自制教学资源，利用学校的技术平台进行展示和分享。

4. 评价体系改革

开发适用于多课程融合的评价工具和方法，如综合素质评价表、项目报告评价标准等。

在评价过程中，注重对学生综合能力和实践能力的考察，避免单一的知识点测试。

5. 学生适应能力的培养

在教学过程中，注重培养学生的自主学习能力和团队合作精神，通过丰富的课堂活动和课外实践增强学生的适应能力。设立专门的辅导和支持机制，帮助学生克服学习中的困难，提高学习效果。

三、案例分析

案例1：跨学科项目学习

【背景】某小学实施了"环保小卫士"跨学科项目，涉及科学、道德与法治、美术等学科。

【实施】项目分阶段进行，科学课上学生学习环保知识，美术课上设计环保宣传画，道德与法治课上进行环保行为讨论和实践。

【效果】通过项目学习，学生不仅掌握了多学科知识，还提高了实践能力和团队合作能力。

案例2：模块化课程设计

【背景】某学校尝试将道德与法治、历史和语文课程进行模块化设计。

【实施】以"中华传统美德"为主题，将相关知识点进行整合，每周安排一个模块教学，涉及三个学科的内容。

【效果】模块化课程设计提高了学生的学习兴趣，促进了不同学科知识的有机整合。

通过科学的设计和有效的实施策略，可以有效应对多课程融合中的各种挑战，实现教育目标的最大化。

第十一章 结语与展望

第一节 跨学科教学在小学道德与法治课程中的未来发展

跨学科教学在小学道德与法治课程中的未来发展具有广阔的前景，这不仅能够提高学生的综合素质，还能更好地适应未来社会对人才的需求。以下是对跨学科教学在小学道德与法治课程中未来发展的详细探讨。

一、跨学科教学的必要性

随着社会的快速发展和信息技术的进步，现代社会对人才的要求越来越高，不再局限于单一学科的知识，而是需要具备多方面的能力，如批判性思维、创新能力、团队合作精神和道德素养。小学阶段是学生世界观、人生观和价值观形成的重要时期，通过跨学科教学，可以将道德与法治课程的内容与其他学科知识有机结合，使学生在学习过程中不仅掌握道德与法治的基本概念，还能将这些概念应用于实际生活和其他学科学习中，培养他们的综合素质和跨学科思维能力。

二、跨学科教学的实施策略

为了实现跨学科教学在小学道德与法治课程中的发展，需要采取一系列具体的实施策略：

1. 整合课程内容

在设计课程时，将道德与法治课程内容与其他学科内容进行有机整合。例如，可以将环境保护的法治教育与科学课的环境知识结合起来，通过探讨环境保护的重要性和法律法规，培养学生的环保意识和法治观念。

2. 项目式学习

项目式学习是一种以学生为中心的教学方法，通过让学生参与实际项目，促进他们对知识的理解和应用。可以设计一系列和道德与法治相关的跨学科项目，如"社区服务项目""模拟法庭项目"等，让学生在实际操作中体验和理解法律和道德的重要性。

3. 团队合作与角色扮演

通过团队合作和角色扮演，让学生在实践中学习道德与法治的知识。例如，可以组织学生进行模拟法庭，通过角色扮演法官、律师、被告等角色，帮助他们了解法律程序和法治精神。

4. 科技手段的应用

随着信息技术的普及，可以利用各种科技手段辅助跨学科教学。例如，通过网络资源、虚拟现实（VR）技术等，让学生身临其境地体验法律和道德的实际应用，增强他们的学习兴趣和效果。

三、跨学科教学的挑战与应对

虽然跨学科教学在小学道德与法治课程中具有重要意义，但在实施过程中也面临一些挑战，如教师的专业素养和课程设计的复杂性等。为应对这些挑战，可以采取以下措施：

1. 教师专业素养的提升

提高教师的专业素养是实施跨学科教学的关键。可以通过定期培训和进修，提升教师的跨学科知识和教学能力。此外，建立教师合作团队，促进不同学科教师之间的交流与合作，共同设计和实施跨学科教学项目。

2. 科学的课程设计

课程设计是跨学科教学的基础。需要聘请具有跨学科背景的专家参与课程设计，确保课程内容的科学性和连贯性。通过模块化设计，将课程内容按主题或项目进行分段，使不同学科的内容能够有机地整合。

3. 教学资源的丰富

充分利用校内外资源，丰富跨学科教学的内容和形式。例如，可以邀请法官、律师等专业人士到校讲座，组织学生参观法院、监狱等，增强他们对法律和道德的感性认识。

4. 评价体系的完善

传统的评价体系往往难以全面衡量跨学科教学的效果。需要建立多元化的评价体系，包括过程评价、项目评价、学生自评和互评等，全面考察学生的学习效果和综合能力。

四、跨学科教学的未来发展方向

跨学科教学在小学道德与法治课程中的未来发展方向可以从以下几个方面进行探讨：

1. 深化跨学科研究

加强跨学科教学的理论研究，探索适合小学阶段的跨学科教学模式和方法。通过开展实证研究，总结跨学科教学的实践经验，为进一步推广提供理论支持。

2. 推广优秀案例

通过案例研究和分享，推广优秀的跨学科教学实践经验。例如，可以组织跨学科教学的观摩课、研讨会等，促进各校之间的经验交流与学习。

3. 政策支持与引导

教育主管部门应制定相应的政策和措施，鼓励和支持学校开展跨学科教学。例如，可以设立跨学科教学专项经费，奖励在跨学科教学中取得突出成绩的学校和教师。

4.国际交流与合作

跨学科教学在全球范围内都受到重视，可以通过国际交流与合作，借鉴国外的先进经验和做法，提高我国小学道德与法治课程的跨学科教学水平。

跨学科教学在小学道德与法治课程中的未来发展前景广阔。通过整合课程内容、项目式学习、团队合作、科技手段的应用等策略，可以有效提升学生的综合素质和跨学科思维能力。同时，面对实施过程中的挑战，通过提升教师专业素养、科学设计课程、丰富教学资源、完善评价体系等措施，可以推动跨学科教学的顺利实施和持续发展。未来，在深化理论研究、推广优秀案例、政策支持和国际合作的推动下，跨学科教学将在小学道德与法治课程中发挥越来越重要的作用。

第二节 跨学科教学研究的不足与改进方向

跨学科教学作为一种创新的教育理念和实践方法，在全球范围内得到了广泛的关注和应用。然而，尽管跨学科教学在提升学生综合素质和解决实际问题能力方面展现了巨大潜力，当前的跨学科教学研究仍存在诸多不足。对这些不足进行深入分析，并提出切实可行的改进方向，对于进一步推动跨学科教学的发展具有重要意义。

一、当前跨学科教学研究的不足

1. 理论研究不够系统和深入

尽管跨学科教学的概念和重要性得到了广泛认可，但其理论基础尚不够系统和深入。当前的研究多集中于具体案例和实践经验的分享，缺乏对跨学科教学本质、内在规律和长远影响的深层次探讨。这导致跨学科教学在理论指导方面的不足，限制了其在不同教育情境下的推广和应用。

2. 实践研究的广度和深度不足

跨学科教学的实践研究主要集中在少数实验学校和项目，缺乏广泛的推广和验证。许多研究仅限于短期的教学实验，未能对跨学科教学的长期效果进行系统追踪和评估。这使得跨学科教学的效果和价值缺乏足够的实证依据，影响了其说服力和可持续性。

3. 教师专业素养和培训的研究不足

跨学科教学对教师的专业素养提出了更高的要求，教师需要具备跨学科的知识背景和教学能力。然而，当前关于教师在跨学科教学中的角色、能力要求和培训方式的研究相对薄弱，导致教师在实施跨学科教学时面临诸多困惑和挑战。

4. 评价体系的不完善

传统的教育评价体系主要侧重于单学科知识的掌握，难以全面衡量跨学科教学的效果。当前的研究在评价标准、方法和工具的开发方面仍显不足，难以提供有效的评价体系来反映学生在跨学科教学中的综合能力和发展水平。

二、改进方向

为了推动跨学科教学研究的进一步发展，提升其理论和实践水平，未来需要在以下几个方面进行改进：

1. 深化理论研究

（1）**跨学科教学的本质和内在规律**：加强对跨学科教学本质和内在规律的研究，构建系统的理论框架，为实践提供科学的指导。可以借鉴教育学、心理学、社会学等多学科的理论成果，深入探讨跨学科教学的内在机制和影响因素。

（2）**跨学科教学的长远影响**：开展对跨学科教学长远影响的研究，分析其对学生认知发展、人格培养和社会适应等方面的长期效果，为跨学科教学的推广提供理论依据。

2. 拓展实践研究的广度和深度

（1）**大规模实证研究**：在更大范围内进行跨学科教学的实证研究，涵盖不同地区、不同类型的学校，验证跨学科教学的普适性和有效性。可以采用随机对照实验等科学研究方法，确保研究结果的可靠性和推广价值。

（2）**长期跟踪研究**：对跨学科教学进行长期跟踪研究，系统评估其对学生发展的长期效果。通过定期的测评和反馈，了解学生在跨学科教学中的成长变化，为教学改进提供数据支持。

3. 提升教师专业素养和培训水平

（1）**跨学科教师的培养和认证**：建立跨学科教师的培养和认证体系，明确教师在跨学科教学中的知识和能力要求。可以设立专门的培训项目和认证考试，提升教师的跨学科教学能力。

（2）**教师合作与交流机制**：建立教师合作与交流机制，促进不同学科教师之间的互动和学习。通过定期的教研活动、工作坊和经验分享会，提升教师的跨学科协作能力和教学水平。

4. 完善评价体系

（1）**多维度评价标准**：开发多维度的评价标准，全面衡量学生在跨学科教学中的综合能力和发展水平。评价标准应涵盖知识掌握、问题解决能力、创新思维、团队合作精神等方面。

（2）**多样化评价方法**：采用多样化的评价方法，如项目评估、过程评价、学生自评和互评等，全面反映学生在跨学科教学中的表现。可以借助信息技术手段，开发适用于跨学科教学的智能评价工具，提高评价的科学性和有效性。

跨学科教学作为一种创新的教育理念和实践方法，具有提升学生综合素质和解决实际问题能力的巨大潜力。当前的跨学科教学研究虽然取得了一定的成果，但在理论深度、实践广度、教师素养和评价体系等方面仍存在诸多不足。未来，需要在深化理论研究、拓展实践研究、提升教师专业素养和完善评价体系等方面进行系统改进。通过科学的研究和实践探索，可以为跨学科教学的发展提供坚实的理论基础和实践支持，推动教育改革的深入和学生全面发展的实现。

第三节 推动小学道德与法治跨学科教学的政策建议

推动小学道德与法治跨学科教学需要全面系统的政策支持，从课程设计、教师培训、资源配置到评价体系等方面进行系统规划和实施。以下是具体的政策建议：

一、课程设计与整合

1.国家课程标准的修订

修订和完善国家课程标准，将跨学科教学理念纳入其中，明确跨学科教学的目标和要求。标准应强调道德与法治课程与其他学科的有机融合，制定具体的实施指南。

2.跨学科教学模块的开发

开发适用于小学道德与法治课程的跨学科教学模块，涵盖环境保护、社会责任、科技伦理等主题。这些模块应包含详细的教学目标、内容、活动设计和评价标准。

3. 灵活的课程安排

允许学校在课时安排上具有一定的灵活性，使其能够根据实际情况合理安排跨学科教学时间。鼓励学校设计综合性的学习周或项目周，集中进行跨学科教学。

二、教师培训与专业发展

1.跨学科教师培训计划

制定专门的跨学科教师培训计划，包括线上和线下培训。培训内容应涵盖跨学科教学理念、方法、案例分析、实践操作等，提升教师的跨学科教学能力。

2.建立教师合作机制

建立跨学科教师合作机制，鼓励不同学科教师之间的协作与交流。可以通过定期的教研活动、跨学科教学研讨会、教师互访等形式，促进教师之间的合作。

3. 教师专业发展支持

提供教师专业发展支持，设立跨学科教学的专项研究课题，鼓励教师进行跨学科教学研究。对在跨学科教学方面表现突出的教师给予奖励和表彰，提升教师的积极性。

三、资源配置与支持

1. 多学科教材和资源的开发

鼓励教材编写机构开发多学科教材和资源，确保这些教材和资源内容科学、形式多样。可以采用案例教学、项目学习等形式，使学生在实际情境中学习和应用知识。

2. 信息技术支持

利用信息技术手段，为跨学科教学提供支持。开发跨学科教学的数字化资源库，涵盖多媒体课件、虚拟实验、在线课程等。建立跨学科教学平台，促进教师和学生的交流与协作。

3. 校际合作与资源共享

推动校际合作与资源共享，建立跨学科教学资源共享平台。鼓励区域内学校结成联盟，共享教学资源、经验和成果，提升跨学科教学的整体水平。

四、政策支持与引导

1. 政策文件的发布

教育主管部门应发布关于推进小学道德与法治跨学科教学的政策文件，明确目标、任务和实施步骤。文件应强调跨学科教学的重要性，提出具体的政策措施和支持保障。

2. 专项经费的设立

设立跨学科教学专项经费，用于课程开发、教师培训、资源配置和评价研究等。确保经费投入到位，为跨学科教学的顺利实施提供保障。

3. 跨学科教学示范校建设

建设一批跨学科教学示范校，总结和推广优秀的跨学科教学经验。通过示范校的引领作用，推动更多学校开展跨学科教学。

五、家校合作与社会支持

1. 家校合作机制

建立家校合作机制，充分发挥家长在跨学科教学中的支持作用。通过家长会、家长讲座、家庭作业等形式，增强家长对跨学科教学的理解和支持。

2. 社会资源的利用

利用社会资源支持跨学科教学，邀请专家、学者、法律工作者等走进校园，开展讲座、研讨和实践活动。通过校外教育资源，如博物馆、科技馆等，拓展学生的学习空间和内容。

3. 社区参与与支持

促进社区参与和支持，开展社区服务项目，增强学生的社会责任感和实践能力。通过社区活动，如环保行动、志愿服务等，促进学生在真实情境中应用和发展跨学科知识。

推动小学道德与法治跨学科教学需要全方位的政策支持和系统的实施策略。通过课程设计与整合、教师培训与专业发展、资源配置与支持、评价体系与激励机制、政策支持与引导以及家校合作与社会支持，可以构建一个全面、系统、科学的跨学科教学体系，促进学生的全面发展，提升教学质量，适应未来社会对综合性人才的需求。在政策的引导和支持下，小学道德与法治跨学科教学必将迎来更加广阔的发展前景。

第四节 对未来研究的展望与期许

对未来研究的展望与期许应涵盖多个层面，包括理论深化、实践应用、技术支持、国际合作以及教育公平等方面，力求全面系统，为跨学科教学的长远发展提供坚实的理论基础和实践指导。

一、理论深化

1. 跨学科教学的理论体系构建

未来研究应致力于构建完善的跨学科教学理论体系，明确跨学科教学的定义、内涵和本质。通过多学科视角，深入探讨跨学科教学的理论基础，揭示其内在机制和运行规律。

2. 教育哲学与跨学科教学的结合

跨学科教学不仅是一种教学方法，更是一种教育哲学。研究应深入探讨跨学科教学与教育哲学的关系，揭示其对学生全面发展的深远影响，促进教育理念的革新和发展。

3. 跨学科教学的长远影响研究

长期跟踪研究跨学科教学对学生发展的影响，包括认知能力、情感态度、社会适应等方面。通过大规模的实证研究，提供翔实的数据支持和理论依据，为跨学科教学的推广提供科学保障。

二、实践应用

1. 跨学科课程设计的优化

未来研究应致力于优化跨学科课程设计，开发更多具有创新性和实用性的教学模块。通过多轮实践与反馈，不断完善课程内容和结构，确保跨学科教学的有效性和适应性。

2. 教学方法与策略的创新

探索和创新跨学科教学的方法与策略，如项目式学习、探究式学习、合作学习等。研究应关注这些教学方法在不同教育背景下的适用性和效果，为教师提供多样化的教学工具和路径。

3. 实践案例的总结与推广

总结和推广跨学科教学的优秀实践案例，通过案例研究揭示成功的关键因素和可复制的经验。建立跨学科教学案例库，供教育工作者参考和借鉴，促进教学实践的改进和提升。

三、技术支持

1. 信息技术在跨学科教学中的应用

研究信息技术在跨学科教学中的应用，包括数字化资源开发、虚拟现实（VR）技术、在线学习平台等。探索如何利用先进技术手段，提升跨学科教学的互动性和实效性。

2. 教育大数据与个性化教学

利用教育大数据技术，对学生的学习过程进行精准分析，支持个性化教学和差异化辅导。研究如何通过数据驱动的方式，提升跨学科教学的针对性和效率，为每个学生提供适合的学习路径。

3. 智能评价工具的开发

开发智能化的评价工具，综合运用大数据、人工智能等技术，全面评估学生在跨学科教学中的表现和发展。研究智能评价工具的设计原理和应用效果，为跨学科教学提供科学的评价支持。

四、国际合作

1. 跨国教育研究的合作与交流

加强与国际教育研究机构的合作与交流，学习借鉴国外先进的跨学科教学理念和方法。通过国际研讨会、学术交流等形式，促进跨学科教学研究的国际化发展。

2. 国际视野下的跨学科教学比较研究

开展国际视野下的跨学科教学比较研究，分析不同国家和地区在跨学科教学方面的经验和挑战。通过比较研究，探索全球范围内跨学科教学的共性规律和特有模式，为本土化实施提供参考。

3. 跨文化教育与全球公民培养

跨学科教学应关注全球公民的培养，研究如何通过跨文化教育，增强学生的全球视野和跨文化理解能力。探索跨学科教学在全球化背景下的实践路径，培养具有国际竞争力的综合性人才。

五、教育公平

1. 跨学科教学的公平性研究

研究跨学科教学在不同社会经济背景下的实施情况，分析其对教育公平的影响。关注弱势群体在跨学科教学中的参与和受益情况，探索促进教育公平的政策和措施。

2. 资源配置与教育公平

探讨如何通过合理的资源配置，确保跨学科教学的普及和推广。研究应关注资源匮乏地区的跨学科教学实施，提供针对性的支持和帮助，缩小教育差距。

3. 社会支持与政策保障

研究社会各界对跨学科教学的支持力度，包括政府政策、社区参与、企业合作等。通过政策保障和社会支持，营造良好的跨学科教学环境，促进教育公平与质量的提升。

六、未来展望

1.跨学科教学的系统性发展

未来研究应着眼于跨学科教学的系统性发展，从宏观层面的政策规划，到微观层面的具体实施，形成系统化的研究框架和实践路径。通过综合性的研究和探索，推动跨学科教学的整体进步。

2.跨学科教学的教育生态构建

跨学科教学不仅是一种教学方式，更是一种教育生态。研究应致力于构建跨学科教学的教育生态系统，涵盖教师、学生、课程、资源、评价等各个方面，形成相互支持、共同发展的良性循环。

3. 教育理念的创新与变革

跨学科教学的推进离不开教育理念的创新与变革。未来研究应关注教育理念的革新，探讨如何通过跨学科教学，推动教育理念的更新，适应新时代的教育需求和社会发展。

跨学科教学作为一种面向未来的教育模式，具有广阔的发展前景。通过深化理论研究、优化实践应用、加强技术支持、促进国际合作、保障教育公平，未来的跨学科教学研究必将取得更加丰硕的成果。期待在全社会的共同努力下，跨学科教学能够不断创新与发展，为学生的全面发展和社会的进步贡献力量。